# 大名と旗本の暮らし

❖図説江戸❖ 2

監修 平井 聖
東京工業大学名誉教授
昭和女子大学教授

GAKKEN GRAPHIC BOOKS DELUXE ⑪

# 大名と旗本の暮らし

目次

## 旗本屋敷と旗本の暮らし　56



表紙　江戸図屏風（国立歴史民俗博物館蔵）
加賀藩大名行列図屏風（石川県立歴史博物館蔵）

# 大名登城

## 大名の登城門

作画＝伊藤展安

毎日一日、十五日の定例の登城日や、正月三ガ日、五節句、八朔《はっさく》、謡初《うたいぞ》め、嘉定《かじょう》、玄猪《げんちょ》などの行事の日には、諸大名や諸役人が行列を仕立てて登城した。

登城の際、馬や乗り物からおりるところが下馬所《げばしょ》で、輿《こし》や駕籠《かご》に乗る資格のない者はここから徒歩になり、城内に連れて入れる従者の数も制限された。江戸城の下馬所はいくつかあるが、ふつう、諸大名が登城するのは大手門、内桜田門《うちさくらだもん》（現在の桔梗門《ききょうもん》）の二か所と決められていた。つまりここが江戸城の表玄関というわけである。橋のたもとから三〇間（約五四メートル）ほど離れたところに「下馬」と書かれた札が立っていた。

乗り物に乗ることが認められている大名や一部の役人は、城内の下乗所《げじょうしょ》まで乗り物に乗って入ることができた。下乗所は、本丸では大手三の門の外、西の丸では西の丸大手橋ぎわである。ここで乗り物からおりる。すべての者がここから内は徒歩でゆかねばならず、従者の数もさらに少なくなった。ただし、御三家だけは例外で、中雀門《ちゅうじゃくもん》（本丸玄関前門）まで乗り物で入ることができた。

下馬所や下乗所に残された従者は、そのまま主人の下城まで供待《ともまち》で待った。供待は長さ六〇間、奥行六、七間ほどの太い柱と土間の建物だが、総登城の時には、

御三家や老中、若年寄の従者以外は入れず、土の上に下座敷《げざしき》というものを敷いて座ったり、挟箱《はさみばこ》に腰をかけたりして待つ者もいた。

大名が登城する順番にも決まりがあった。ふつうの日は、まず月番の若年寄《わかどしより》、次に他の若年寄が登城し、下乗所でおちあって殿中へのぼる。ついで月番の老中《ろうじゅう》、他の老中が同じく下乗所でおちあってからのぼる。老中、若年寄は、通常四ツ（午前一〇時）に出仕し、八ツ（午後二時）ごろ退出する。これを俗に四ツ上りの八ツ下りといった。

式日の総登城のときには、一般の大名は老中や若年寄より前に登城するのだが、その順番を守るのに、西の丸の太鼓櫓の太鼓を基準とした。

（鈴木悦子）

**大手門**
堀の外側から見た現在の大手門。右の高麗門は現存であるが、中央の渡櫓門は戦災焼失後に再建されたもの。かつては橋が架けられていた、高麗門に至る部分も、現在は土橋になっている。

# 諸門の警備

江戸城には、本城、西城の六大門（大手門、下乗門、中の門、中雀門、内桜田門、西の丸大手門）と外曲輪《そとぐるわ》の二六門があった。これらの門はそれぞれに格式があり、大名の石高によって使える門が定められていた。

大手門は譜代《ふだい》大名一〇万石以上の通用門、内桜田門と平河門《ひらかわもん》は譜代五万石以上、一ツ橋門は譜代二万石以上、竹橋門は譜代一万石以上、常盤橋門《ときわばしもん》は外様《とざま》大名で三万石以上、呉服橋門は外様二万石以上、

**桝形内から見た大手門**
中央の櫓門と右手の高麗門で桝形をなし、江戸城の正門にふさわしい厳重な構えをとっていた。譜代大名10万石以上の通用門であった。

幸橋門と鍛冶橋門《かじばしもん》は外様一万石以上、半蔵門は菊の間詰、日比谷門は外様大名の通用門であった。

雉子橋門《きじばしもん》、虎ノ門、浅草橋門、浜大手門は旗本の通用門で五〇〇〇石から一万石の旗本、山下門、赤坂門、四谷門、市ケ谷門、牛込門、小石川門、筋違橋《すじかいばし》門は三〇〇〇石～一万石の旗本、清水門は三〇〇〇石の旗本、数寄屋橋《すきやばし》門は一般旗本の通用門であった。

このように門の格式が定まっているので、当然門の警備にも格式がある。

万治《まんじ》三年（一六六〇）の御門番人数は次のようである。なお、節句と御礼日には人数を倍にする。

●大手門　御譜代詰衆の一〇万石以上の大名二人が担当。〔馬上九人、徒侍《かちざむらい》三人、弓一〇張、槍二〇本、鉄砲二〇挺、挑灯《ちょうちん》（提灯）三〇〕

●内桜田門　譜代五万石～一〇万石二人が担当。〔馬上七人、徒侍二人、弓一〇張、槍一〇本、鉄砲一五挺、挑灯二五〕

●西の丸大手門　譜代五万石～一〇万石二人が担当。〔持弓一張、持筒二挺、弓一〇張、長柄刀《ながえがたな》二〇筋、鉄砲二〇挺〕

●外桜田門　譜代四万石～六万石二人

**桔梗門**
中央やや左の門が内桜田門（桔梗門）。譜代大名５万石以上の通用門。

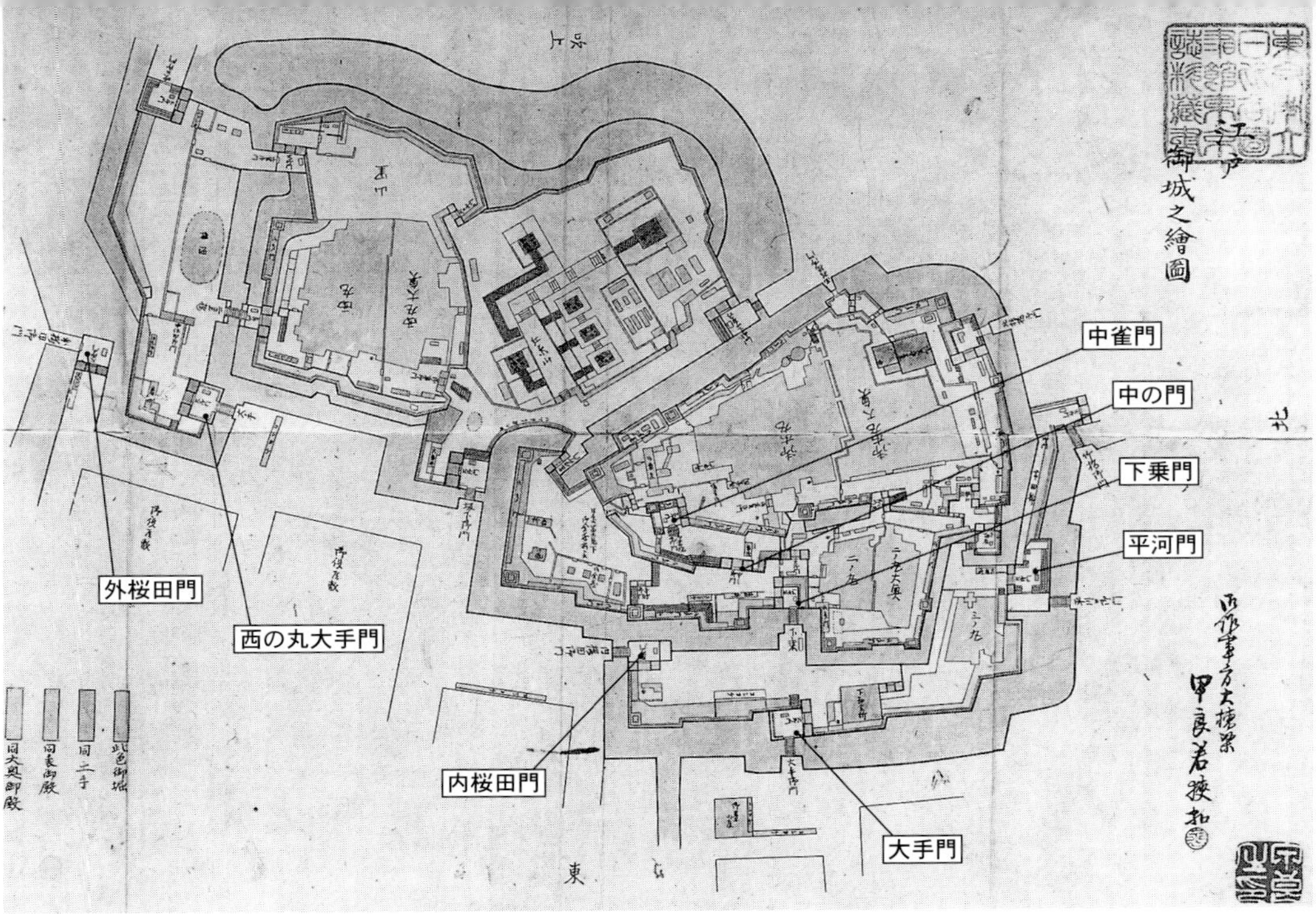


**「江戸御城之絵図」**（東京都立中央図書館東京誌料文庫蔵）
図右の中央が本丸である。本丸下に二の丸と三の丸、上に西の丸、紅葉山が配され、江戸城の内郭部が形成されていた。

が担当。〔馬上三人、持弓一張、持筒一挺、徒侍二人、弓五張、長柄刀一〇筋、鉄砲一〇挺、突棒《つくぼう》・刺股《さすまた》・錑《もじり》（いずれも長い柄のついた、捕縛のための武具）各一本、挑灯八〕

●和田倉門　譜代二万石～三万石二人が担当。〔持弓二張、持筒一挺〕

●馬場先門、一ツ橋門、竹橋門、田安門、半蔵門　各譜代一万石～二万石二人が担当。

●神田橋門　外様四万石～六万石二人が担当。

●常盤橋門　外様二万石～三万石二人が担当。

●呉服橋門　外様一万石～二万石二人が担当。

●鍛冶橋門・日比谷門・幸橋門　外様一万石～二万石二人が担当。

呉服橋門、鍛冶橋門は侍二人、徒侍二人、弓五張。半蔵門は番士三人、持弓一張、持筒二挺、弓三張、長柄刀五筋、鉄砲五挺。

以上が主な門で、門番の年限は三年間であった。

虎の門、筋違橋門、浅草橋門は五〇〇〇石以上が二人、数寄屋橋門、雉子橋門、浜大手門は五〇〇〇石が二人、清水門、山下門、赤坂門、四谷門、市ケ谷門、牛込門、小石川門は三〇〇〇石二人が各門の担当であった。

なお、城内の各門の警備担当は別表の通りである。

（中西立太）

| 門名 | 担当 |
|---|---|
| 御玄関前門 | 御書院番頭与力同心 |
| 中の門 | 御持弓御持筒頭与力同心 |
| 大手三の門 | 百人組頭与力同心 |
| 二の丸門 | 大御番頭 |
| 上梅林門 | 御留守居与力同心 |
| 鹽見（汐見）坂門 | 御留守居与力同心 |
| 平河口門 | 御先手与力同心 |
| 紅葉山下門 | 御先手与力同心 |
| 蓮池門 | 御先手与力同心 |
| 西の丸御玄関前門 | 西の丸御書院番頭与力同心 |
| 西の丸吹上門 | 西の丸御先手与力同心 |
| 西の丸裏御門 | 西の丸裏門番頭与力同心 |
| 西の丸切手門 | 西の丸切手門番頭与力同心 |

# 元旦の将軍謁見〔二〕

年頭の将軍への拝賀は、城中の年中行事の中でもっとも重要な儀式であった。

元日、二日、三日の三日間に、大名の身分格式によって日どりを分けて行われた。

元日の朝、六ツ半（午前七時）には、御三家、御三卿《ごさんきょう》、徳川一門の諸家、譜代《ふだい》大名、縁故のある外様《とざま》大名などが登城し、将軍に年始の御礼を言上する。

二日は、御三家、御三卿の嫡子《ちゃくし》、国持《くにもち》の外様大名などが五ツ（午前八時）に登城し、三日は、無位無官の大名、寄合の旗本、五〇〇石以上の御目見得《おめみえ》以上で無役のもの、江戸町年寄などが参上し、年始の御礼を行った。

当日は礼服を着用したが、服装も官位や身分によって細かく定められていた。

将軍は立烏帽子《たてえぼし》に紫の直垂《ひたたれ》、将軍の嗣子《しし》は緋《ひ》（濃い赤色）の直垂、侍従《じじゅう》以上の者は左折風折《ひだりおりかざおり》烏帽子に直垂（紫・緋以外の色）、従四位の者は左折風折烏帽子に狩《かり》衣《ぎぬ》、五位の諸大名は左折風折烏帽子に大《だい》紋《もん》、以下布衣《ほい》、素襖《すおう》となっていた。

元日の朝、将軍はまず御座《ござ》の間《ま》で、御三卿の年賀を受け、つぎに白書院《しろしょいん》で御三家と前田家の年賀を受ける。どちらも将軍は上段の間に着座し、拝謁者は一人ずつ下段に進み、祝詞を述べて下段左の方に着座した。このとき、太刀（木製）、馬《うま》代《だい》を献上し、酒、料理を賜った。

（考証＝平井 聖・作画＝板垣真誠）

徳川一門の大廊下詰の格式の者や溜《たまり》の間《ま》詰大名などの有力者も、白書院で順番に年賀を述べた。

白書院での謁見が終わると大広間に移る。大広間での拝礼には独礼《どくれい》と立礼《りつれい》があり、独礼は単独で将軍に謁見することで、侍従以上、従四位以上の者に限られていた。立礼は一同揃って挨拶する形式で、独礼にくらべて略式であった。

（鈴木悦子）

**五位以下大広間出礼の図**（『徳川盛世録』）
将軍宣下における将軍（図左の下段に立つ）と五位以下の大名の対面。

# 元旦の将軍謁見〔二〕

## ●独礼

大広間は、北から南へ上段・中段・下段の間に分かれ、下段より東へ二の間、三の間と続いている。

将軍は、大広間上段中央に南面して褥《しとね》に着座し、独礼を許された諸大名は、二の間に並んで座る。

まず、大目付《おおめつけ》が「向方《あなた》へ」（将軍に拝謁あれという意味）というと、大名は席順に一人ずつ立ち、献上する太刀（木製）と太刀・馬代目録を持って二の間より拭縁《ぬぐいえん》へ出て、下段に上り北向きに着座する。

**白書院における年始賀儀**（『徳川盛世録』）　左の上段に座るのが将軍。

この位置は、家格や官位によって下から何畳目と細かく定められていた。目録を開き、その上に太刀を載せて自分の前に置き、中段を隔てて将軍に拝謁する。

この時、奏者番《そうじゃばん》が「何某何の守」と大名の名を披露すると、次に傍に控えている老中《ろうじゅう》が「何某何の守、御年始御礼申し上げまする」と本人に代わって述べる。その大名は平伏し、将軍は少し頭を下げるようにして「めでたい」と答える。

このあと老中は将軍の左に着座。奏者番はその大名の前に進んで太刀目録を受けとる。

つぎに高家《こうけ》の三人が各々三方《さんぼう》を持って将軍の前に運ぶ。三つの三方には、それぞれ酒盃としての土器《かわらけ》、徳川家縁起の兎の吸物を盛った土器、酒の余滴を入れる土器が、一つずつ載っている。また、兎の吸物を盛った土器を足付膳に載せて、大名の前にも置く。

この時、中奥御小姓《おこしょう》二人が将軍より下される時服（将軍より賜る衣服）を檜《ひのき》の白木台に載せて大名の前に置く。

高家の酌で将軍が一献飲むと、高家はその土器を両手で受け取り、銚子の口に載せて下段の大名の前に進み酌をする。大名は一献頂戴し、この土器と吸物の兎とを各々紙に包んで懐中に入れ、拝礼して退出する。

中奥御小姓二人は、時服を台のまま持ち、大名に従って廊下に出てから御城坊主に渡す。坊主は大名についていき、留守居役や当日城中に出仕している家臣に、時服を引き渡すのである。

## ●立礼 その一

独礼の儀式が終わると、続いて立礼の儀式が始まる。

従五位の諸大名や旗本は、左折風折烏帽子に大紋を着用し、大広間の二の間西側の襖から二、三畳おいて、西向きに並んで着座する。各々、自分の前に献上する太刀（木製）と太刀目録を置き、将軍を待つ。

将軍は独礼の最後の者が退出すると、上段から下段中央に進み、二の間との襖の方に向かって東向きに立つ。

まず大目付が二の間の諸大名に向かって「向方へ」という。そして老中が下段と二の間の襖を西側に引き開けると、一同平伏し、将軍に拝礼する。

このとき、老中が襖ぎわで「いずれも年始の御礼を申し上げます」と述べると、将軍は立ったままで「めでたい」と答える。老中は「上意をこうむり、ありがた

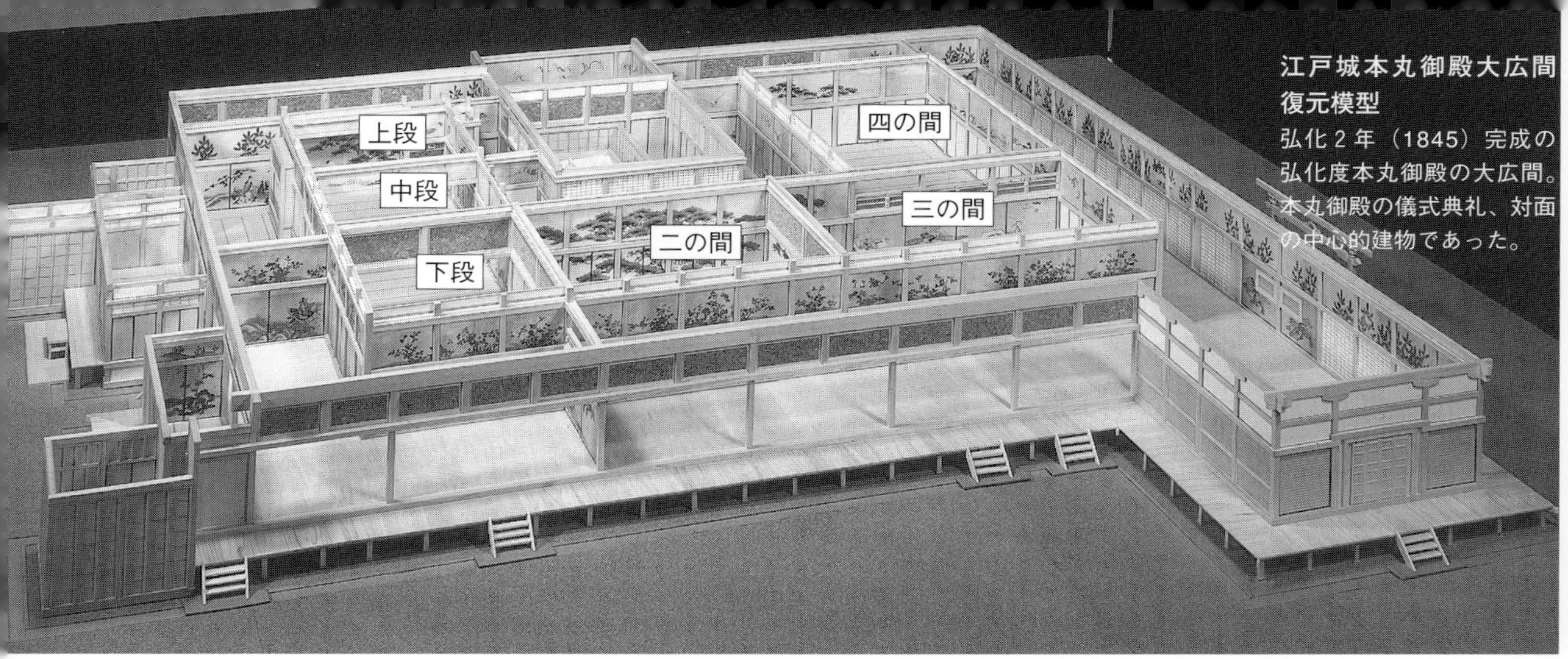


**江戸城本丸御殿大広間復元模型**
弘化２年（1845）完成の弘化度本丸御殿の大広間。本丸御殿の儀式典礼、対面の中心的建物であった。

く存じます」と申し上げ、すぐに襖を閉じる。将軍は上段に戻る。

このあと大目付の指示で、諸大名の中から三人ずつが並んで起立し、二の間から拭縁を通り、北向きに下段に入る。

下段に入った三人は、書院番頭《しょいんばんがしら》、小姓組番頭、中奥小姓の酌で、将軍の御流れの土器の酒を頂戴する。

その土器を紙に包んで懐中にしまい、下段左の方の西側に行き西を向いて並ぶ。ここには進物番三人が金梨子地塗《きんなしじぬり》の広蓋《ひろぶた》（方形の大型の盆）に将軍より賜る時服を載せて待っている。

大名三人は、ここで平伏し、立つと同時に、進物番が時服を大名たちの左肩にかけるので、大名たちは、左手で時服を押さえたまま退出する。

これが従五位の立礼の儀式である。

また、布衣、御目見得以上の者は、時服を賜らず、御流れの土器だけを頂戴するので、五人ずつ並んで下段に入り、中奥小姓の酌で酒をいただき、土器を懐中にしまって退出する。

**大広間における謡曲初の様子**（『徳川盛世録』）

### ●立礼　その二

大廊下においても立礼が行われる。

将軍に拝謁する人たちは、大廊下（松の大廊下）東側に、西を向いて着座する。このとき、大廊下の北の端にある桜の間杉戸ぎわを上席とし、南の方へ一列に並び、大廊下の南端まで並ぶと、こんどは東の方に折れ曲がって並ぶが、この位置に座った者には、将軍の姿を見ることができない。

榊原《さかきばら》、奥平《おくだいら》、井伊《いい》などの家老五人は、大廊下の南端に北を向いて着座し、将軍を待つ。

将軍は、大廊下の隣の桜の間中央に立ち、一同平伏する。老中が拝謁者一同に代わって年始の御礼を申し述べ、将軍が答える。このときの上意や礼辞はすべて大広間の立礼と同様である。

このように複雑な拝賀の儀式が、三ガ日間繰り返されるのである。（鈴木悦子）

# 大名・旗本の装束

装束とは大名の制服のようなものである。軍服と同じように正服・礼服・通常礼服・平服の区別があり、身分と行事によって定められた装束をつけた。衣冠束帯（いかんそくたい）や直垂（ひたたれ）、長袴など一見複雑そうだが、身分を横軸に、行事を縦軸にとってみると、どの日にどういう服を着ていたかが一目でわかる。

下段の五節句とは人日（じんじつ・七草、一月七日）・上巳（じょうし・雛祭、三月三日）・端午（五月五日）・七夕（七月七日）重陽（菊重ね、九月九日）である。このほか、八月一日の八朔（はっさく）は家康の関東入国の日なので、それを祝っての総登城がある。万石以上は白帷子（しろかたびら）に長袴姿で登城する。三千石以上の士は各々太刀目録を献上する。新年の行事に次ぐ盛大なものであった。

日光東照宮・上野寛永寺・芝増上寺への参詣時には将軍は衣冠、侍従以上は直垂、四位は狩衣（かりぎぬ）、五位の諸大夫は大紋（だいもん）を着用する。諸大夫の知行加増や官位昇進、家督相続の御礼登城のときは長袴である。

（中西立太）

| 家名 | 身分 |
|---|---|
| 徳川（将軍家） | 従一位太政大臣 |
| 尾張・紀伊 | 従二位大納言 |
| 水戸・三卿 田安 一ツ橋 清水 | 従二位中納言 |
| 前田 | 従三位上宰相 |
| 井伊 会津松平 | 正四位上中将 |
| 島津 伊達 | 従四位上中将 |
| 越前松平 | 従四位上中将 |
| 高松松平 保科 | 従四位上中将 |
| 高家 | 従四位上中将 |
| 細川 黒田 浅野 | 従四位上少将 |

行事

| | | | | | | | | |
|---|---|---|---|---|---|---|---|---|
| 津山松平　蜂須賀<br>雲州松平　上杉<br>高須松平　西条松平 | 藤堂　有馬<br>宇和島伊達　佐竹 | 矢田松平　宗 | 山内　南部　川越松平<br>館林松平　守山松平<br>明石松平　本多 | 富山前田　立花　津軽<br>小笠原　酒井<br>榊原　松山松平<br>忍松平　大久保<br>老中　所司代 | 大聖寺前田　柳沢<br>桑名松平　奥平　堀田<br>真田　戸田　阿部<br>小浜酒井　白河松平 | 右以外の一般大名 | 旗本 | 御家人 |
| | 従四位下少将 | 従四位下侍従 | 従四位下侍従 | 従四位下侍従 | 従四位下 | 五位諸大夫 | 御目見得以上 | 御目見得以下 |

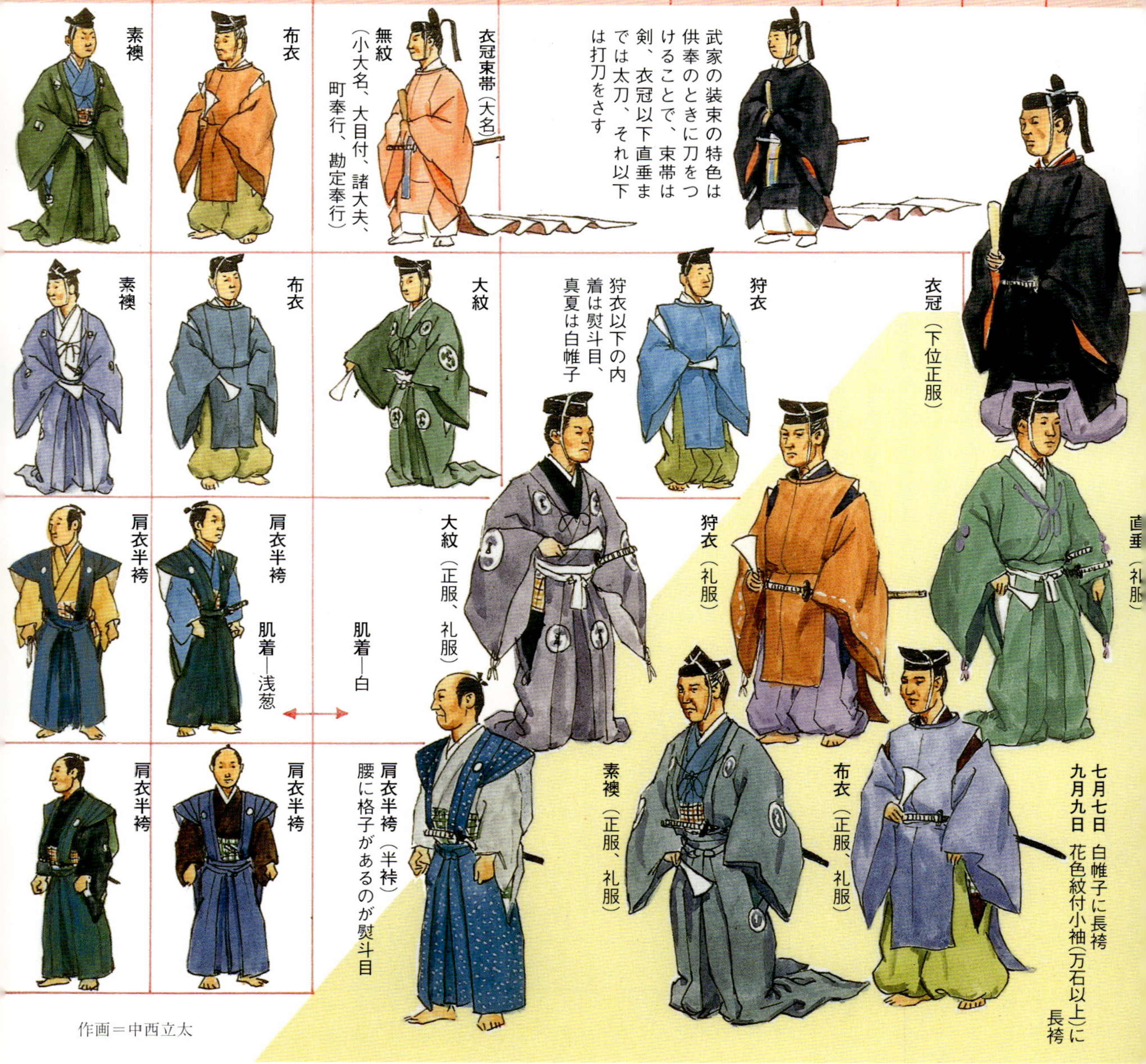

作画＝中西立太

# 大名の格付と序列

**●本丸御殿表の部屋構成**

大名は、官位、家柄、身分、役職などによって複雑な格式が定められていた。服装から供揃《ともぞろ》え、持道具、乗り物をはじめ、江戸城中の控え室（詰所）にも席次があり、家の格が示されたのである。

左の図から、江戸城本丸の表御殿の部屋の配置をみてみよう。

玄関を入ったところにある遠侍《とおざむらい》は御徒《おかち》、虎の間は書院番《しょいんばん》、蘇鉄《そてつ》の間《ま》は大名の供侍《ともざむらい》の、それぞれの詰所である。さらに奥へ入ると大広間がある。ここは幕府の重要な公式行事の行われる座敷で、殿中でもっとも重要な部屋の一つである。畳の数も多く四〇〇畳を越えるので、俗に千畳敷ともいわれた。

大広間裏手の中庭に沿って鍵形に曲がった廊下が、元禄《げんろく》十四年（一七〇一）に浅野内匠頭長矩《あさのたくみのかみながのり》の刃傷事件のあった松の大廊下である。

松の大廊下を突き当たったところに白《しろ》書院《しょいん》があり、その奥に黒書院《くろしょいん》がある。白書院と黒書院は、大広間と並んで幕府の公式の儀式の場に用いられる重要な部屋で、大広間と白書院が表向きの儀式の場であったのに対し、黒書院は、やや内向きの儀式に用いられた。これらの東側には、柳の間、雁《かり》の間、菊の間、芙蓉《ふよう》の間など大小さまざまの座敷が並んでいた。

**●大名の詰所**

さて、登城した諸大名、諸役人には、それぞれの家格や役職に応じた詰所が定められていたが、「何々の間詰の大名」というように、殿中での着座の場所が、大名家の序列を表す基準にもなった。

殿中の席次の例をあげると、

大廊下（表座敷居間）は、御三家（尾《お》張《わり》・紀伊《きい》・水戸家）の詰所で、御三家の子弟や前田家と越前松平《えちぜんまつだいら》家が加わることもあった。

大広間には、四位以上の外様国持《とざまくにもち》大名（島津《しまづ》・伊達《だて》・細川・黒田・浅野・毛利《もうり》・鍋島《なべしま》・池田・上杉家など二三家）が席を有した。

黒書院溜《たまり》の間《ま》は、高松の松平家、会津《あいづ》の松平家、井伊家の三家が常詰の家筋とされたが、長年老中を勤めて功労のあった者も、将軍の顧問格として着座することができた。溜の間御次には、京都所司《しょし》代《だい》、大坂城代が入った。

白書院帝鑑《ていかん》の間《ま》は、襖《ふすま》に歴代帝王の亀《き》鑑《かん》となるべき唐土の帝臣を描いているのでこの名があるのだが、ここには城主格譜代《ふだい》大名（大久保・戸田・堀田・内藤家など約六〇家）などが着座した。

柳の間は、襖に雪の柳が描いてあり、四位以下の外様国持大名および高家《こうけ》の詰所。

雁の間は、襖に刈田の雁が描いてあり、詰衆といわれる譜代大名（板倉・稲葉・青山・阿部・牧野・水野家など約四〇家）の詰所。

菊の間は、襖に籬《まがき》の菊が描かれ、大番《おおばん》頭《がしら》、書院番頭、小姓《こしょう》組番頭の詰所。

芙蓉の間は、寺社奉行、江戸町奉行、勘定奉行《かんじょうぶぎょう》、大目付《おおめつけ》、駿府《すんぷ》城代、奏者番《そうじゃばん》その他遠国奉行などの詰所となっていた。

殿中の席次は、幕府の創成期には、ある程度流動的であったようだが、幕府制度が整ってゆくにしたがって固定化するようになった。

このほか、殿中の重要な部屋として、老中《ろうじゅう》・若年寄《わかどしより》が政務をとる御用部屋がある。上の部屋を老中御用部屋、下の部屋を若年寄御用部屋という。大老は老中御用部屋の上座を障子で仕切って執務した。幕閣の最高幹部が集まり、幕政の最高方針がこの御用部屋から打ち出されていったのである。御用部屋には炉が切ってあり、重要な事件の密談の際は、炉の灰に字を書いて筆談し、秘密がもれるのを防いだといわれている。

（鈴木悦子）

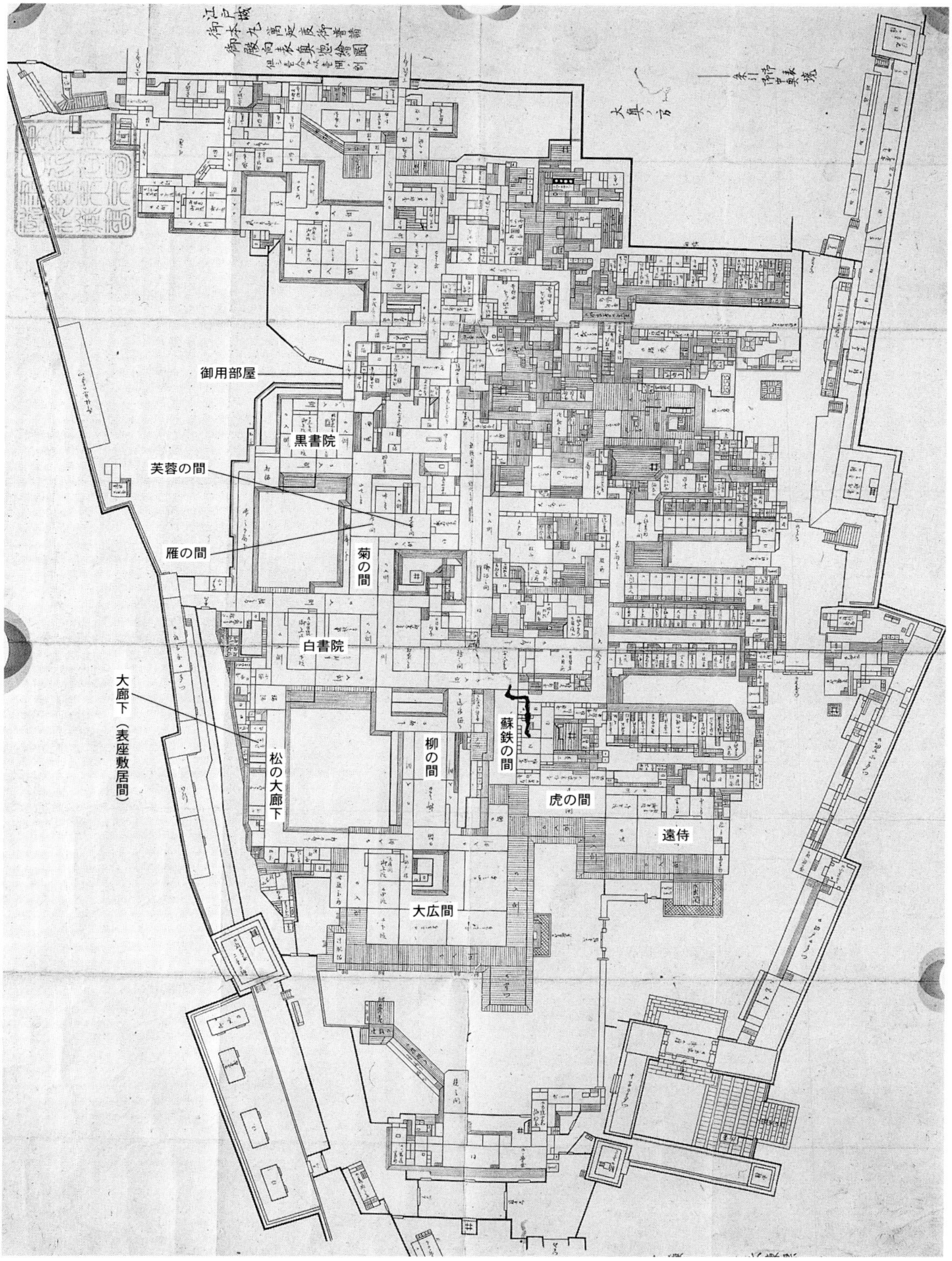


**「江戸城御本丸万延度御普請御殿向表奥惣絵図」**（東京都立中央図書館東京誌料文庫蔵）

# 大名屋敷と大名の暮らし

大名上屋敷

江戸時代は、大名は国元のほかに、江戸に居住するため幕府から与えられた宅地に屋敷を構えたが、大名屋敷といえば江戸の屋敷の方をさす。屋敷は藩の江戸役所としての機能もふくんでおり、ときとして藩邸《はんてい》とよばれることもある。

江戸の大名屋敷の初見は、慶《けい》長《ちょう》三年（一五九八）に豊臣秀吉が没し、家康の政治的優位が明らかになる前後にさかのぼる。藤堂高虎《とうどうたかとら》、堀秀治《ほりひではる》、浅野長政《あさのながまさ》、細川忠興《ほそかわただおき》、前田利長《まえだとしなが》らが江戸に屋敷を構え始め、関ヶ原の合戦の前後はさらに多くの大名がこれにならった。寛永《かんえい》十二年（一六三五）の『武家諸法度《ぶけしょはっと》』で参勤交代《さんきんこうたい》を制度とし、同時に妻子を江戸に移させてからは、全国のすべての大名の邸宅が江戸に建ち並ぶことになった。

その際、屋敷内の普請《ふしん》や造作《ぞうさく》

(考証＝平井 聖・作画＝板垣真誠)

は大名の負担で行われたが、寛永期の大名屋敷が後代には見られないほど華麗なものであったことは『慶長見聞集《けいちょうけんもんしゅう》』『落穂集《おちぼしゅう》追加《ついか》』などの記述にもみられる。幕府御用大工の大棟梁《だいとうりょう》甲良《こうら》向念が宝永《ほうえい》三年（一七〇六）に書いた覚書に「元和《げんな》、寛永の始、大猷院《だいゆういん》様（家光《いえみつ》）御在世御成の儀依被仰出、諸方其為御用意御営作美麗也」とあるように、将軍を迎えるための御成門《おなりもん》は大棟《おおむね》門《もん》や二階造りの櫓門《やぐらもん》で、組物を出し、梁《はり》の持送りには種々の彫物を付け、金銀丹青《たんせい》で華麗に装飾しており、これにともなって御殿向の書院やその他の建物も桃山建築風の豪華なものであった。

これらの建物で今に伝わるものはないが、その姿は「江戸図屏風」（国立歴史民俗博物館蔵）にしのぶことができる（一八ページ参照）。上図は寛永八年に越前《えちぜん》福井藩松平忠昌《まつだいらただまさ》が再営した模様を示した「伊予《いよ》殿屋敷図」（福井藩江戸上屋敷図）から想像した推定復元図である。

（柳川創造）

## 上屋敷の構成

幕府は元文《げんぶん》三年（一七三八）、大名屋敷の面積の基準を、一〜二万石で二五〇〇坪（約八二五〇平方メートル）、五〜六万石で五〇〇〇坪、一〇〜一五万石で七〇〇〇坪と定めた。しかし、この基準は実際には守られず、安政《あんせい》期の調査によると、本郷の前田家上屋敷《かみやしき》一〇万三八二二坪（約三四万二六一三平方メートル）をはじめ、小石川の水戸家上屋敷一〇万一八三一坪、市ケ谷の尾張《おわり》屋敷七万五二〇五坪など、広大な面積を持つ屋敷があった。

これらの上屋敷の内部には、藩主やその妻子の住む御殿を中心に、藩士たちの長屋、諸役所、倉庫、学問所、武道場、中間《ちゅうげん》部屋や牢屋まであって、大藩では五〜六〇〇〇人、小藩でも五〜六〇〇人が住んでいた。

この上屋敷の周囲は多くの場合、士分以上の者が住む二階建瓦葺《かわらぶき》の表長屋で囲まれていた。これを外から見ると、腰（塀の下部）が海鼠塀《なまこべい》で、その上が塗塀《ぬりべい》、そして窓は連子窓《れんじまど》という外観になっていて、道路と屋敷の境の役割を果たしていた。上屋敷の御殿の構造は、江戸城本丸御殿とほとんど同じで、表・中奥・奥の三つに区分されていた。表は、江戸における藩政を行う場所で、江戸家老以下の家臣が出勤して政務をとる役所としての機能を持っていた。また左ページ上の「福井藩江戸上屋敷平面図」に見られるように、対面・接客の建物である御広間、黒書院《くろしょいん》、小書院《こしょいん》のほかに、上屋敷に起居する者全員の食事を作る大台所や料理間などがあり、庭には能舞台も見られた。

中奥は藩主が起居する殿舎で、政務をとる御座《ござ》の間や、寝室である御寝《ぎょしん》の間のほか、浴室、雪隠《せっちん》など、日常生活に必要なものはすべて備わっている。

奥は、江戸定住を義務づけられている

江戸図屏風」に描かれた大名屋敷群（国立歴史民俗博物館蔵）　図上から❶井伊掃部頭、❷松平(浅野)安芸守、❸上杉弾正、❹松平(毛利)長門守、❺松平(伊達)陸奥守らの大名屋敷が建ち並ぶ。

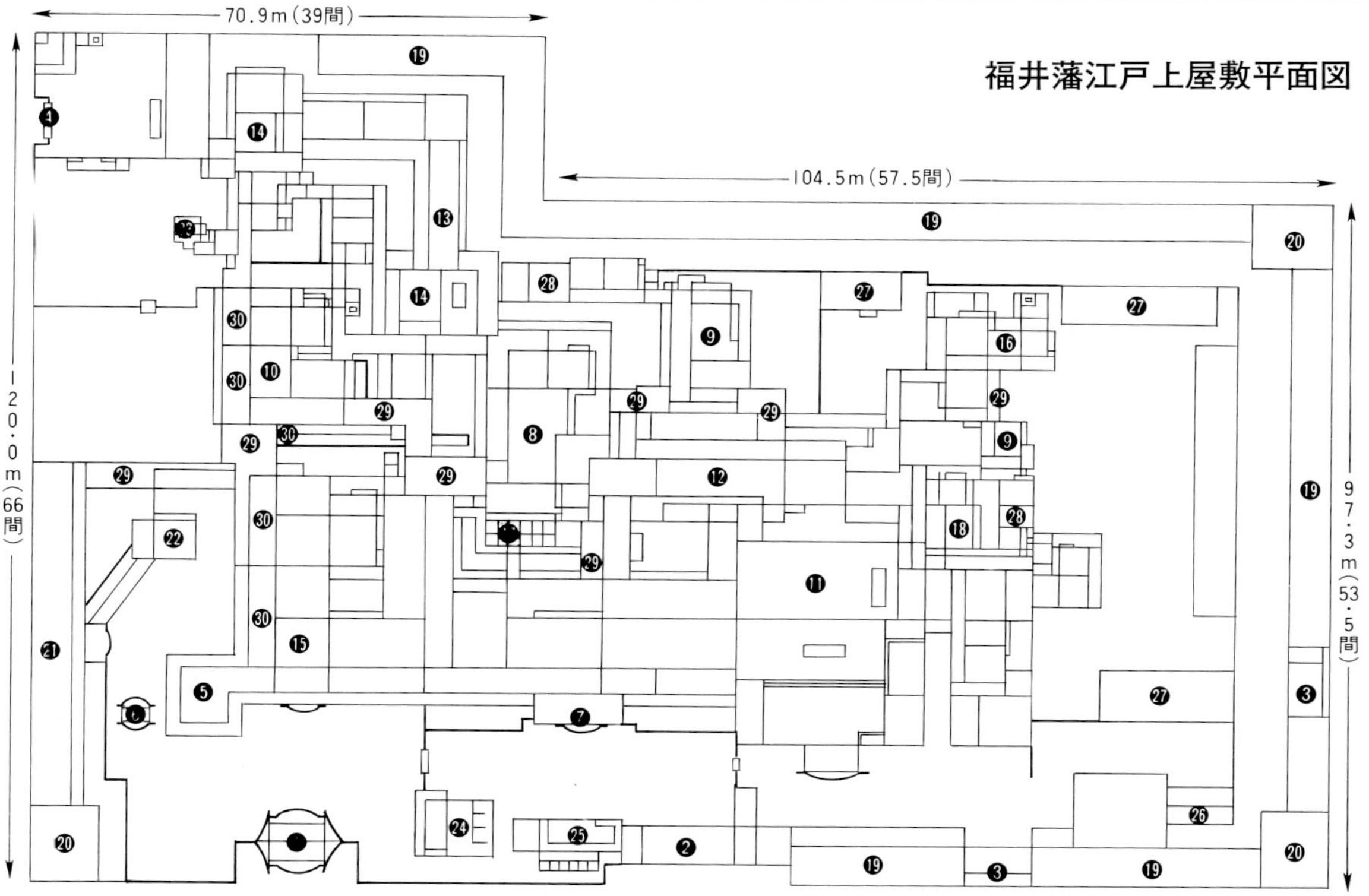


❶御成門　❷台所門　❸小門　❹向唐門
❺中門　❻向屛重門　❼玄関　❽黒書院
❾小書院　❿御成書院　⓫大台所　⓬料理間
⓭御成料理間　⓮御膳立間　⓯御広間　⓰居間
⓱雪隠　⓲小姓部屋　⓳長屋　⓴矢倉
㉑薬屋　㉒舞台　㉓数寄屋　㉔御成馬屋
㉕腰掛　㉖馬屋　㉗土蔵　㉘風呂
㉙廊下　㉚縁

**福井藩（越前松平家）江戸上屋敷**（「江戸図屛風」・国立歴史民俗博物館蔵）
松平忠昌が松平忠輝屋敷の旧跡に、寛永８年（1631）に再営した。

正室や子女が住むところである。江戸城大奥に該当する区画だが、大奥という呼び名は将軍家しか使えなかったため、奥《おく》向《むき》とか奥御殿とよんでいた。中奥とは廊下でつながっていたが、江戸城大奥と同様に、中奥との間には厳重な仕切りがあり、藩主以外の男子の出入りは禁制であった。

（柳川創造）

# 毛利家上屋敷

復元・作画＝平井 聖

長州藩の江戸屋敷の中で、藩主が住む上屋敷は、江戸城に最も近く、外桜田門《そとさくらだもん》外にあり、今の日比谷公園（千代田区）あたりであった。

敷地の大きさは、東西五五間、南北一三三間で、七三〇〇坪（約二万二五〇〇平方メートル）ほどあった。

上図は山口県文書館に多数伝わる毛利《もうり》家上屋敷《けかみやしき》の指図中の一枚より、明暦《めいれき》頃の姿を描いたものである。

上屋敷は、屋敷の回りの道路に面する北・西・南の三面に長屋が巡っている。東側は仙台の藩主伊達《だて》家の上屋敷のため、御厩《おうまや》等が並んでいた。

北側の長屋の中央には櫓門《やぐらもん》を建てて表口とし、中央部に起《む》くり屋根で描かれている御蔵（図中央）とその近くの二重の塀までの北側が藩主が使う表部分である。表は藩主が江戸において藩政を行う場所で、江戸家老以下の家臣が出仕して政務をとる役所としての機能をもっていた。表部分は、御広間、御書院、御座《ご》の間《ざ》や規模の大きな台所で構成され、その内の御書院には数寄屋《すきや》風の意匠が見られる。

二重の塀から南側は、江戸定住を義務づけられている奥方（正室）や子女が住む奥向《おくむき》部分である。

奥向の御殿への門が西側の長屋の南端近くに設けられ（長屋門）、奥方の御殿近

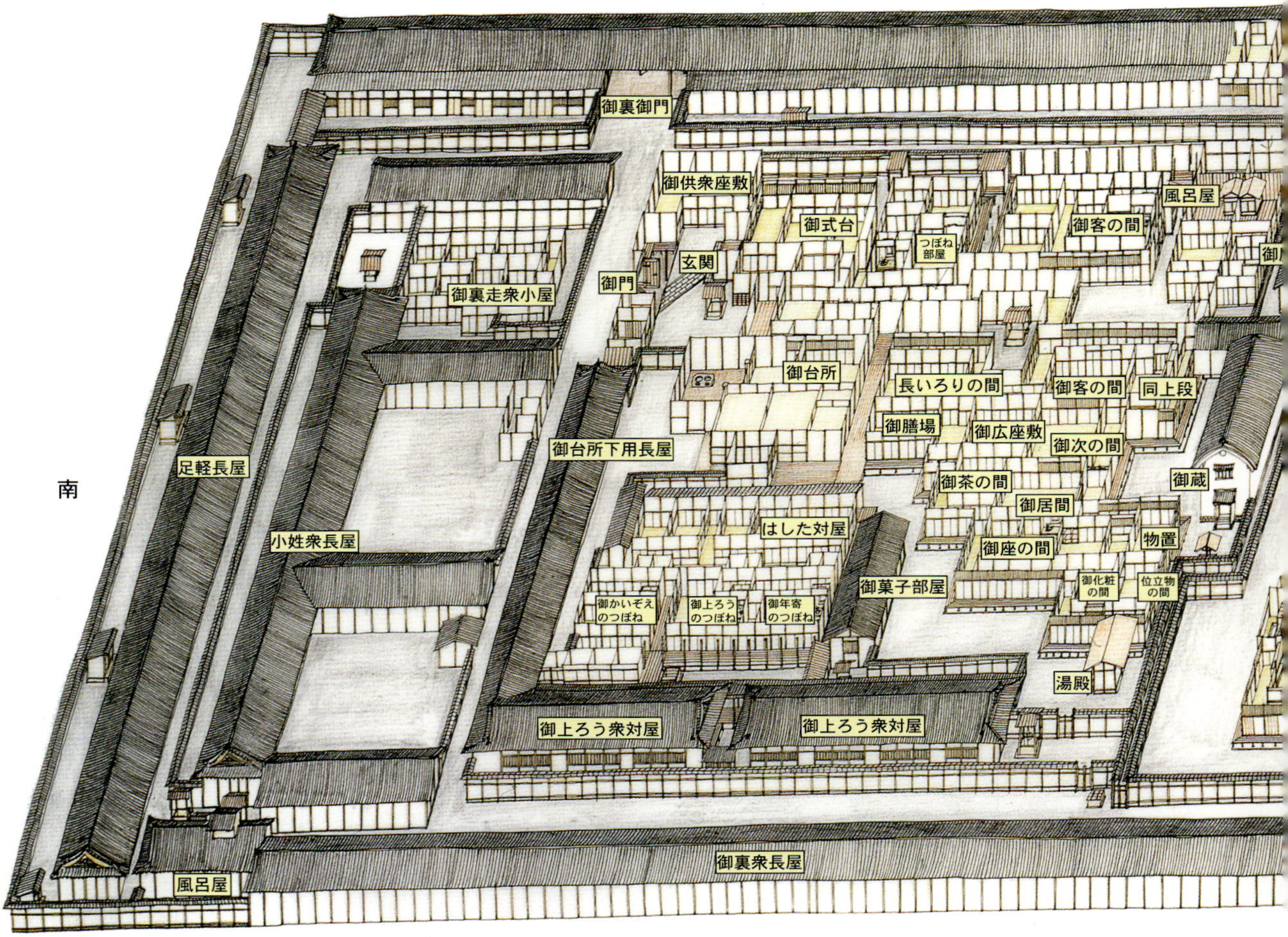


くから藩主の御殿に向けて廊下が延びている。周囲を囲んでいる長屋には、江戸詰になった藩士たちが住んでいた。

「江戸図屏風」に描かれた越前松平家（一九ページ）と毛利家の上屋敷を比較すると、松平家は表の唐門《からもん》ほかを彫刻や彩色で飾り、格別華やかなのに比べ、毛利家は表の御殿の破風《はふ》にわずかに金の飾りが見える程度で、質実剛健の趣がある。

（平井　聖）

**松平（毛利）長門守江戸上屋敷**（「江戸図屏風」・国立歴史民俗博物館蔵）

# 江戸の大名屋敷

**●上屋敷**

徳川家康の江戸入り以後、寛永《かんえい》期までにほぼ完成した初期江戸の町は、明暦《めいれき》三年（一六五七）の大火によってその六割以上が壊滅した。幕府は知恵伊豆と呼ばれた松平伊豆守信綱《まつだいらいずのかみのぶつな》を中心に、新しい江戸の都市計画を進めたが、これにより、江戸の大名屋敷の姿も大きく変わった。

江戸における藩主の居館であり、藩政を司どった上屋敷は大名の登城に便利なように、従来通り江戸城西の丸下、大名《だいみょう》小路《こうじ》、外桜田《そとざくらだ》のあたりに集中して再建されたが、中屋敷《なかやしき》はおおむね外濠の内縁に添った地域に移された。そして下屋敷《しもやしき》は、江戸湾の港口や河岸地、あるいは四谷、駒込、下谷《したや》、本所など当時の郊外地に配置された。その結果、大名の上屋敷・中屋敷・下屋敷の性格と機能は、はっきり区分されるようになった。

**●中屋敷と下屋敷**

中屋敷は、上屋敷が罹災《りさい》した場合の予備の邸宅という性格を備えていた。それを江戸城の外濠内縁に配置したのは、中屋敷が隠居した藩主や嗣子《しし》の住居でもあったからで、幕府の直接の監視が行き届く地域を選んだものと思われる。

幕府は明暦の大火以後、諸大名の希望に応じて下屋敷の敷地を与えていたが、江戸湾の港口や河岸地の下屋敷は、国元から回漕されてくる物資の荷揚地《にあげち》、蔵地としての役割を持ち、蔵屋敷ともよばれた。これらの下屋敷も、郊外の下屋敷と同じように敷地は広大であり、屋敷の中には築山や園池を配し、休息用の別荘としていた。

下町では浜町の細川邸や酒井邸、蠣殻《かきがら》町の松平邸、築地《つきじ》の稲葉邸、山手では駒込の柳沢邸（六義園《りくぎえん》）、牛込戸山の尾張《おわり》邸など、江戸の名園と呼ばれているものの多くは、大名の下屋敷の庭園であった。

なかには熊本藩の戸越《とごし》屋敷のように、三万三〇〇〇坪（約一〇万八九〇〇平方メートル）という広い敷地を利用して、土塁で囲んだ馬場を造るなど、武芸の錬成場としていたケースもある。また、経済的に余裕のある大藩のなかには、複数の中屋敷や下屋敷を持っているものもあった。

このほか現在の新宿御苑には内藤駿河《するが》守《かみ》、明治神宮には井伊掃部頭《いいかもんのかみ》、目黒の自然教育園には松平讃岐守《さぬきのかみ》、青山墓地には

**幕末の大名屋敷**（横浜開港資料館蔵）

三田綱坂付近の旧景。右から島原・松山・会津藩の各藩邸が並ぶ。坂の上に辻番所の屋根が見えている。

**秋月藩上屋敷**（横浜開港資料館蔵）

右の建物が秋月藩黒田家の上屋敷。左に見える塀は久留米藩有馬家の上屋敷の一部である。

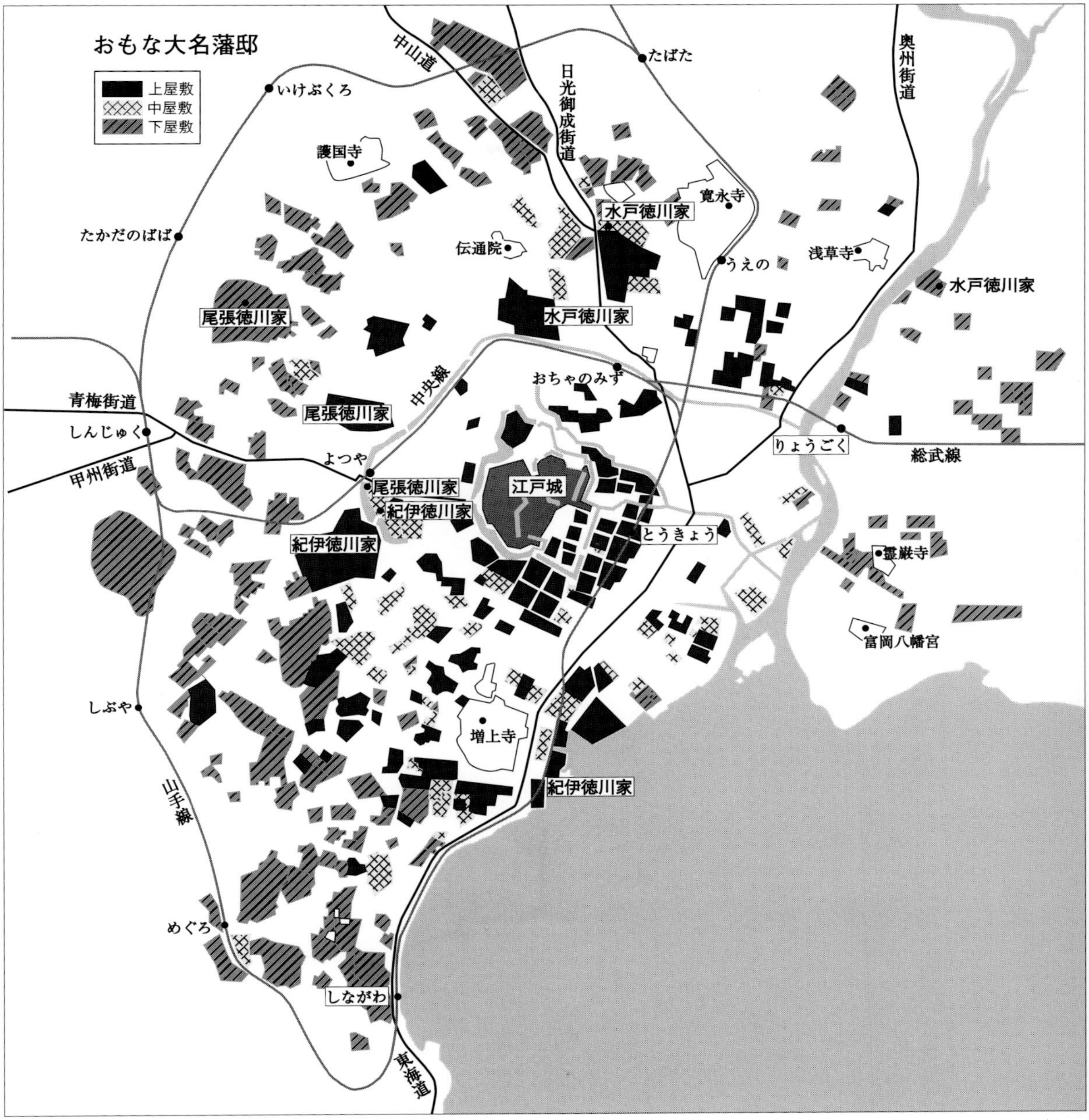


青山大膳《あおやまだいぜん》といった大名たちの下屋敷があった。

江戸の武家地は明治維新後、新政府によって収公されたが、大名屋敷については郭内で一か所、郭外では一〇万石以上の大藩は二か所、それ以下の小藩は一か所の所有を認めた。収公されたそのほかの江戸城周辺の大名屋敷の多くは、京都から移住してきた公家の屋敷や、官庁、兵営などに転用された。

（柳川創造）

# 大名の一日

文・作画＝中西立太

大名の日常生活はほとんど分かっていない。藩政の組織などは幕府とだいたい同じだが、生活、習慣となると各家の伝統や気風、土地柄などによってかなりの違いがあった。一汁一菜、綿服で暮らす質素な大名もあれば、美しい女中たちの肌に入れ墨をさせ、薄物をまとわせて梯子を昇らせてみたり、相撲をとらせるなどの驕奢三昧（きょうしゃざんまい）をする大名もあった。ここでは三田村鳶魚（みたむらえんぎょ）の『浅野老公の話』から質素な大名の一日を再現してみた。

夜間、寝所では枕もとで袴の小姓が２人、半夜交代の不寝番をする。次の間にも２人控えている。寝間着は黒紬（くろつむぎ）に桔梗の紋付きで黒帯を締める。

六ツ半（午前７時）ごろ小姓が「○時でございます」と起床を促す。洗面は冬でも肌脱ぎで行う。

朝食のおかずは焼味噌と豆腐ぐらいのものである。入浴は朝食後に隔日で入る。髪上げは小姓がし、そのときに医師の診察がある。

食後は袴を付けて広敷（奥）へ行き、正室とともに先祖に礼拝し、両親に挨拶する。

江戸在府の時は、年頭、五節句、月次の日には江戸城へ登城する。五ツ（午前８時）に登城し、四ツ（午前10時）ごろ将軍に拝謁する。42万石の大身なので、供の人数が多く、霞ガ関の自邸から江戸城の下乗所まで行列が続き、最後の合羽籠（かっぱかご）などは通用門を出たところで主人の下城まで待っている。しかし、邸に近くても下城時にはその場で回れ右をして帰るというわけにはいかない。おそらく行列の先頭と行き違いながら下乗所まで行って、帰ってきたのではないだろうか。

主人は下乗橋で駕籠からおり、先箱１つ・供頭・傘持・草履取（ぞうりとり）を供に西の丸二重橋へ行き（幕末には本丸御殿が建てられなかったので、西の丸が幕府の仮御殿となっていた）、そこで先箱を残し玄関に入る。玄関で刀を刀番に渡し、御坊主の先導で大広間へ行く。白書院入口で御坊主に小刀を渡して将軍に拝謁する。

登城がすむと自邸で家臣と対面する。家老・執政（番頭）・用人は表の奥書院、目付・直支配・馬回りは大広間で謁見する。登城のない日は武芸や謡などの稽古事をする。平日の昼食と夕食は一汁二菜で酒は食後にたしなむ。夕食後、表にいるときは書見や囲碁などでくつろぐ。

広敷へ行くときは小姓頭から奥入りを伝え、鈴を鳴らすと奥から表使いが杉戸をあける。杉戸は夜四ツ（午後10時）に締める。正室は奥、側室は中奥に住んでいて、大名はどちらかと広敷の寝所で寝る。

# 大名の嗜みと娯楽

## ●大名が愛好した弓術と馬術

武術はもともと戦場で敵を殺傷するための技術であって、娯楽ではない。しかし、江戸時代になって太平の世の中がつづくと、武術の性格はしだいに変わっていった。幕府や諸藩の有事の際の戦闘要員である下級武士たちは、ふだんから武術を修練しておく必要があったろうが、大名みずからが武器をとって戦うというようなことは、実際にはあり得なくなってきた。

その結果、大名たちにとって、武術は武芸となり、やがて娯楽に近いものとなっていった。娯楽というよりも嗜《たしな》み、あるいはスポーツ、レクリエーションといったほうが近いかもしれない。

江戸時代の武術（武芸）としては、剣術、槍術《そうじゅつ》、弓術、砲術（鉄砲）、馬術などがある。このうち剣術と槍術は、若いころはともかく、大名になってからも実際に稽古したり試合したりする者は少なかった。愛好する場合も、それは武技としてではなく、武士の作法としての、または趣味としての剣・槍であった。

鉄砲はこの時代には、近代戦の重要武器であると考えられながら、鉄砲組・持筒組《もちづつぐみ》といった下級武士の扱う武器と見られていたから、大名がこれを習得することはなかった。大名たちに愛好されたのは、弓術と馬術であった。

弓術は鉄砲の普及により、実戦用武器としては脇役となり、神事・祭事など儀礼的な場における武技として存続していた。そのために、弓は高級な武器として見られるようになり、大名たちは弓術の稽古とともに、弓馬故実の習得にも励んだ。

馬術も上級武士にとっては、必修の武技であった。ほとんどの大名たちは江戸の下屋敷《しもやしき》に馬場を造り、弓馬故実にもとづく操馬法を習得したり、スポーツとしての乗馬を楽しんだりした。馬による遠乗りや市中散策も、大名たちのレクリエーションであった。

武術ではないが、鷹狩《たかがり》も大名たちが好んだ野外での最大の娯楽であった。

## ●屋内で楽しんだ能・茶の湯

屋内での趣味・娯楽といえばやはり能、

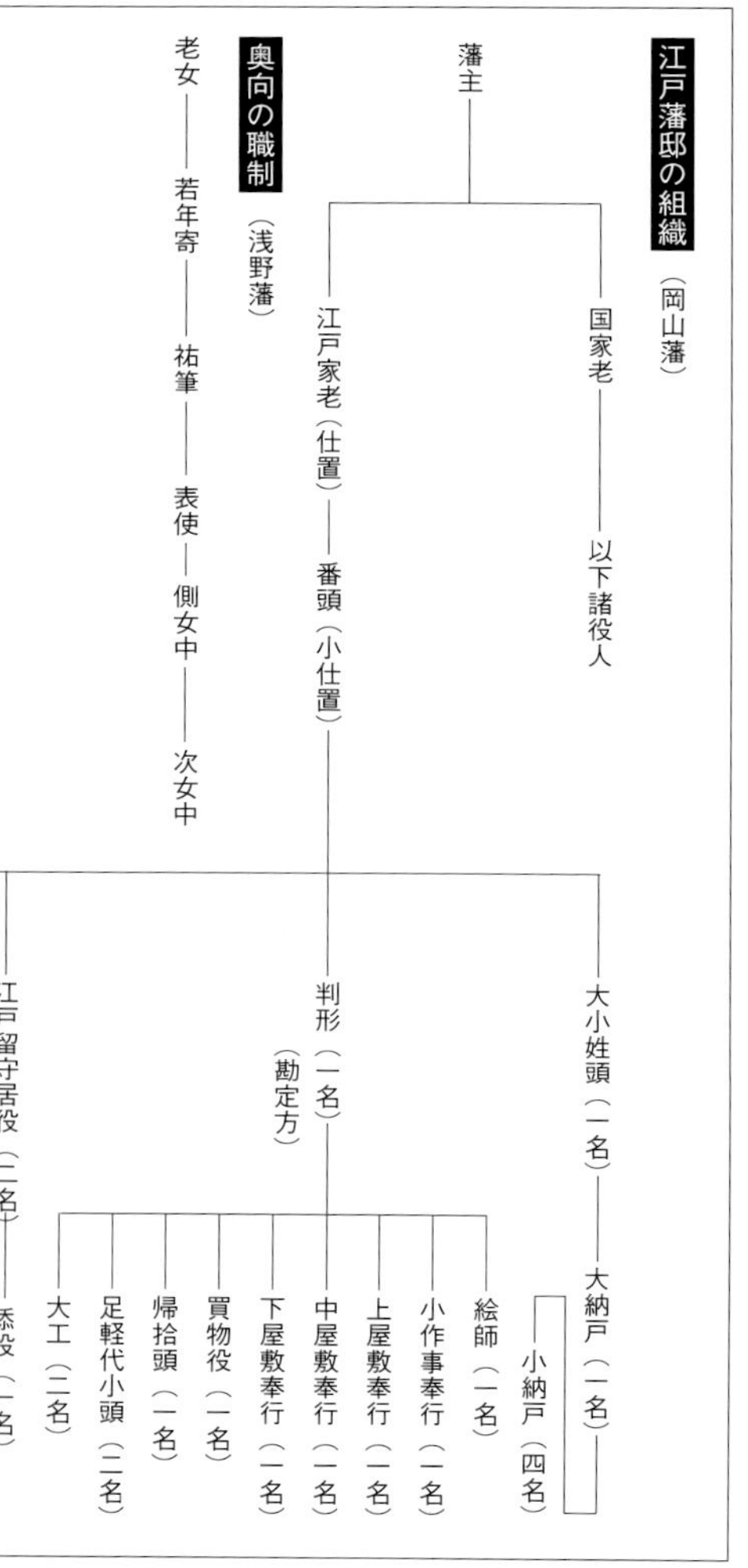


江戸藩邸の組織は各家で役職名こそ違うが、大同小異であった。御留守居役のように常に江戸にいて藩の窓口になっていることを定府という。そのほかに江戸まで供をして来て、すぐに国元へ帰る立ち帰り、一年間を江戸で勤めて交代する江戸詰などの職制があった。

茶の湯、囲碁などが主なものであろう。

江戸にあった諸藩の大名屋敷には、舞台が設けられており、大名たちは能役者を招いて家臣たちとともに能見物を楽しんだ。中には細川藤孝《ほそかわふじたか》（幽斎《ゆうさい》）やその子忠興《ただおき》のように、みずから舞台に立ってシテを勤めたような例もある。

また、将軍家をはじめ島津《しまづ》家のように、能役者をお抱えにしている大名も多かったので、江戸では常に能役者が不足していた。

茶の湯も盛んであった。江戸で茶の湯が流行しはじめたのは元和《げんな》三〜五年（一六一七〜一九）ごろからといわれるが、最初は個人の風雅な遊びとして、内輪の催しであった。

しかし、大名が幕府の年寄衆《としよりしゅう》や仲のよい大名を招待したり、あるいは将軍家から招きを受ける機会が多くなったりすると、茶事はしだいに社交の場となってきた。

茶の湯にとって欠かせないのは、床飾《とこかざり》の軸物、花活《はないけ》、茶碗、釜などの茶道具である。そうした茶道具の名品、逸品を集めることが、やがて大名たちの趣味・娯楽となってきた。茶器のコレクターとして知られる大名には、松江《まつえ》藩主松平治郷《まつだいらはるさと》（不昧《ふまい》）、姫路藩主酒井忠以《さかいただざね》（宗雅《そうが》）、佐倉《さくら》藩主松平乗邑《のりむら》らがいる。

このほか、囲碁、俳諧、素人歌舞伎、川釣りなどを楽しむ大名もいた。

（柳川創造）

（作画＝伊藤展安）

**武芸の鍛練**
『武家諸法度』にうたわれていた文武弓馬の鍛練も、時代が下るにつれて大名の一つの嗜みとしての意味合いが強くなっていった。

# 全国大名配置図

寛文四年（一六六四）（五万石以上）

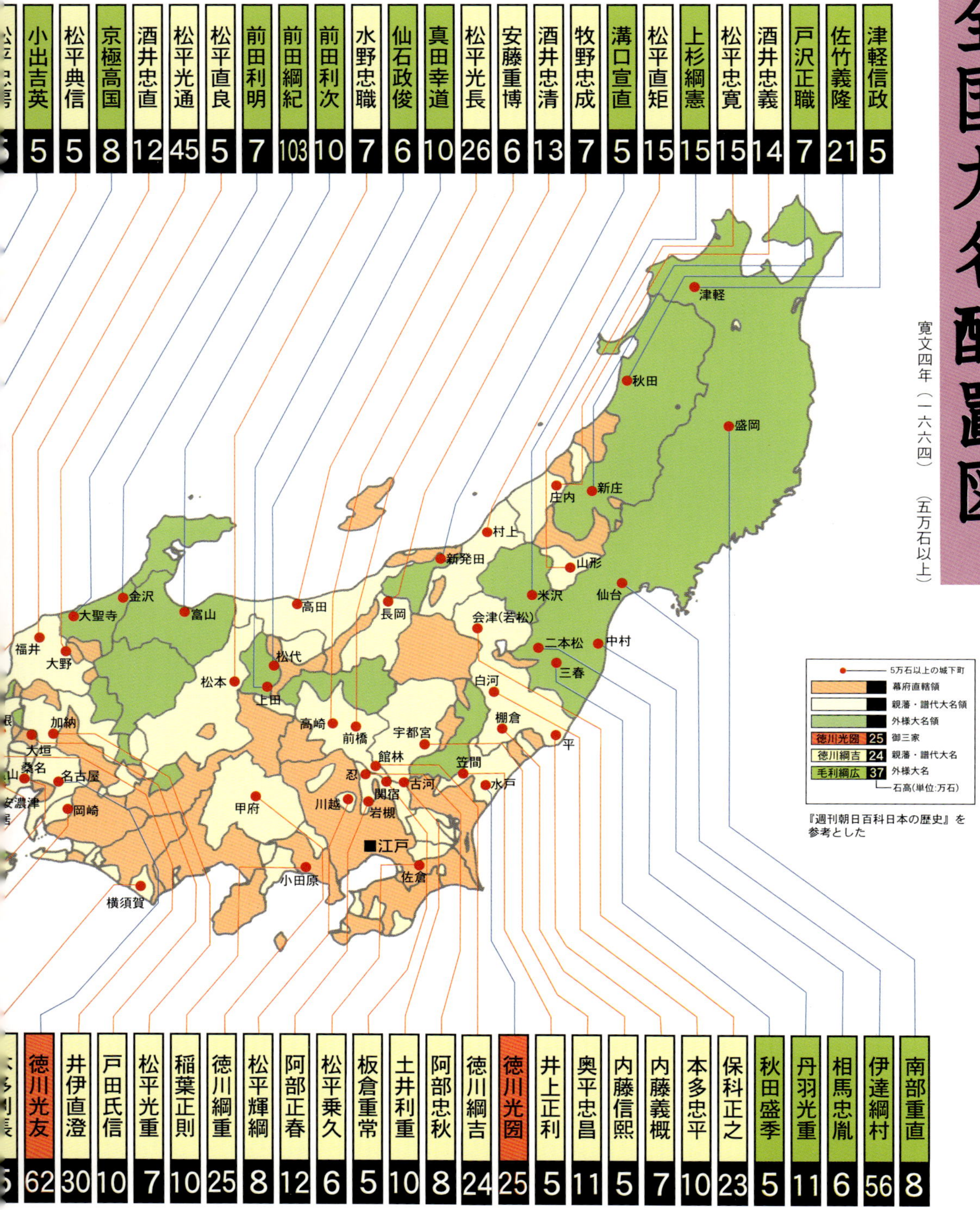


『週刊朝日百科日本の歴史』を参考とした

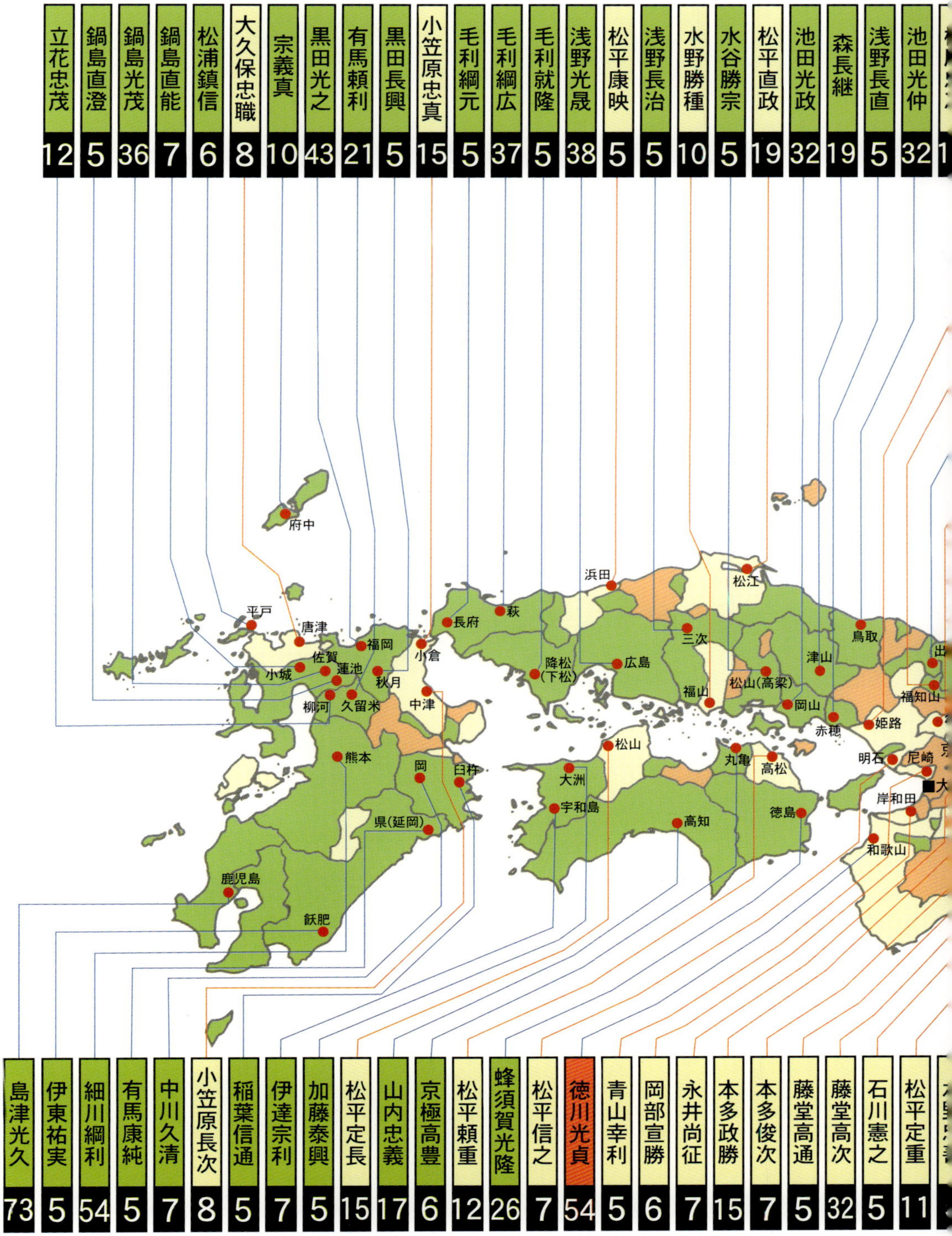

立花忠茂 12
鍋島直澄 5
鍋島光茂 36
鍋島直能 7
松浦鎮信 6
大久保忠職 8
宗義真 10
黒田光之 43
有馬頼利 21
黒田長興 5
小笠原忠真 15
毛利綱元 5
毛利綱広 37
毛利就隆 5
浅野光晟 38
松平康映 5
浅野長治 5
水野勝種 10
水谷勝宗 5
松平直政 19
池田光政 32
森長継 19
浅野長直 5
池田光仲 32
府中
平戸
唐津
福岡
小倉
佐賀
小城
蓮池
秋月
柳河
久留米
中津
熊本
岡
臼杵
県(延岡)
鹿児島
飫肥
長府
萩
浜田
降松(下松)
広島
三次
福山
松江
松山(高梁)
岡山
津山
鳥取
赤穂
姫路
福知山
明石
尼崎
松山
丸亀
高松
大洲
宇和島
高知
徳島
岸和田
和歌山
島津光久 73
伊東祐実 5
細川綱利 54
有馬康純 5
中川久清 7
小笠原長次 8
稲葉信通 5
伊達宗利 7
加藤泰興 5
松平定長 15
山内忠義 17
京極高豊 6
松平頼重 12
蜂須賀光隆 26
松平信之 7
徳川光貞 54
青山幸利 5
岡部宣勝 6
永井尚征 7
本多政勝 15
本多俊次 7
藤堂高通 5
藤堂高次 32
石川憲之 5
松平定重 11

# 大名の配置と移封・転封

**●幕藩体制の確立**

慶長《けいちょう》五年（一六〇〇）九月十五日、美《み》濃《の》国関ヶ原での天下分け目の決戦で西軍諸将をたった一日で討ち破った徳川家康は、正に天下の覇権を手中にした。

とはいえ、この決戦における徳川方の勢力といえば、家康の四男松平忠吉《まつだいらただよし》（徳川氏の一族、これを親藩《しんぱん》という）を中心とし、家臣（これを譜代《ふだい》という）の井伊《いい》直政《なおまさ》、本多忠勝《ほんだただかつ》率いる六千余名で、後は豊臣系大名（豊臣政権下で徳川氏と同格であった大名、これを外様《とざま》という）の黒《くろ》田長政《だながまさ》、福島正則《ふくしままさのり》、池田輝政《いけだてるまさ》らの軍勢であった。

このとき家康は、秀忠《ひでただ》率いる徳川主力三万余が、真田昌幸《さなだまさゆき》率いるわずか数千の上田城攻めに手間取り、決戦に遅れたことに激怒したと伝えられる。だが反面彼は、いつ叛旗を翻すか分からない外様大名たちの軍事力に、怖気をふるうと同時に、己が力の限界を悟ったのではないか。それは以後の彼の政策に如実に表われている。

この戦いの結果、西軍に属して流された大名八七家、約四二一万石、減封された大名四家（上杉・佐竹《さたけ》・毛利・秋田）、約二二一万石、計六四〇万石強が徳川氏の手中に帰している。

彼は、この収得領地の約八〇パーセント近くを、惜し気もなく関ヶ原に参加した外様大名に加増し、恩を売りつけている。その効果は、後年の大坂陣において豊臣秀頼《とよとみひでより》が諸大名に呼びかけても、一家も加担しなかったことでも知れよう。

とはいえ、彼はこの外様大名への加恩と同時に、思い切った大名の移封・転封を行い、関東周辺と東海道の主要地点を、親藩と譜代大名とで結び、その間隙を天《てん》領《りょう》と旗本《はたもと》知行地《ちぎょうち》としてがっちり固めたのである。

**●主権の確立と武家諸法度**

三河《みかわ》の一土豪に過ぎなかった松平元康《もとやす》が、三河一国を制し、三河守を望んで神《じん》祇《ぎ》官《かん》吉田兼右《よしだかねすけ》から系図をもらいうけ、初めは「徳川三河守藤原家康」と著名していたのが覇権が近づくにつれ、征夷大将軍を望んで源姓を名のったことは『図説江戸1　江戸城と将軍の暮らし』に記した。

関ヶ原の一戦で天下を手中にした家康にとって、外様大名を掌握する上に絶対的に必要としたのは、武家の棟領《とうりょう》の資格である征夷大将軍位であった。そのため、

**熊本城天守（左）と小天守（右）**

加藤清正により築かれた名城であったが、加藤家は清正の子の忠広の代に改易となり、替わって細川氏が入る。

**広島城**

関ヶ原の合戦後、毛利輝元に替わって福島正則が入るが、城を無断で修築したかどで転封となる。

彼がどの様な運動をしたのか明らかではない。しかし関ヶ原の合戦より三年後の慶長八年二月十二日、朝廷において将軍

「誠忠義士討入姓名」（東京都立中央図書館東京誌料文庫蔵）

宣下の儀式がとり行われた。
　かくて徳川家康は、諸大名を己が支配下に収め、江戸に幕府を開府したのである。
　その後、元和《げんな》元年（一六一五）五月、豊臣氏を亡ぼして後顧の憂いを絶った徳川家康は、同年七月、一三カ条から成る「武家諸法度《ぶけしょはっと》」を諸大名に伝達した。その内容は大名の心得・居城修築の制限・新築禁止・徒党の禁止・私婚の禁止・参勤《さんきん》交代《こうたい》作法などを定めたもので、大名統制の憲法ともなり、家臣対象の「諸士法度」の基ともなり、違反者を厳しく罰した。
　そののち、明らかに徳川政権維持のために起きたと思われる武家諸法度違反事件を三例あげる。
①、元和五年六月、安芸《あき》広島五〇万石、福島正則（外様）→信濃《しなの》高井野《たかいの》四万五〇〇〇石（無断城郭修築）、のちに除封。
②、元和八年十月、下野《しもつけ》宇都宮一五万石、本田正純（譜代）のちに除封（政争）。
③、元和九年六月、肥後熊本《ひごくまもと》五一万石、加藤忠広《かとうただひろ》（外様・清正《きよまさ》嗣子《しし》）→出羽《でわ》丸岡一万石、のちに絶家。（法度違反）
　この武家諸法度は、二代秀忠の寛永《かんえい》六年（一六二九）、三代家光《いえみつ》の寛永十二年に改められ、大名の移封《いほう》・転封《てんぽう》はしきりに行われ、代わって一門や譜代の大名が配置され、家光の寛永期には徳川家による全国支配はほぼ完成している。

　なお、関東の岩槻《いわつき》・忍《おし》・川越、あるいは遠江《とおとうみ》の浜松などに譜代大名の移封・転封が激しいのは幕政執行のためである。

## ●五代将軍綱吉の幕政

　五代将軍綱吉《つなよし》が、自分好みの全一五条から成る武家諸法度を諸大名に示したのは、天和《てんな》三年（一六八三）七月二十五日のことである。

　その第一条が「文武忠孝《ぶんぶちゅうこう》を励まし、礼義を正すべきこと」で、この第一条は「町触れ」にもなった。これがのちに綱吉自身を縛る。

　彼は初政こそ名君と称えられたが、後に稀代の悪法「生類憐《しょうるいあわれ》みの令《れい》」や、町民・幕臣への非情な仕置きによって「桀《けつ》紂《ちゅう》（中国の代表的悪王）にも勝る」との蔭口さえたたかれた。

　その苛政《かせい》は大名家にも及び、彼一代で減俸された大名二四家、無嗣《むし》絶家《ぜっけ》以外に廃絶された大名二一家、このうち浅野家のみが、旧家老大石良雄を中心として吉良《きら》邸に討ち入り、敢然と綱吉に挑戦したのである。

　この事件は、鬱屈《うっくつ》していた万天下の人々の喝采を浴び、その処分は、幕閣においても先の第一条をめぐって紛糾し、全員切腹と決まるや、町の辻々に立つ町触れの第一条は、何度建てかえても墨で黒々と塗り潰されたという。（早川純夫）

# 伝奏屋敷

考証＝鈴木賢次・作画＝板垣真誠

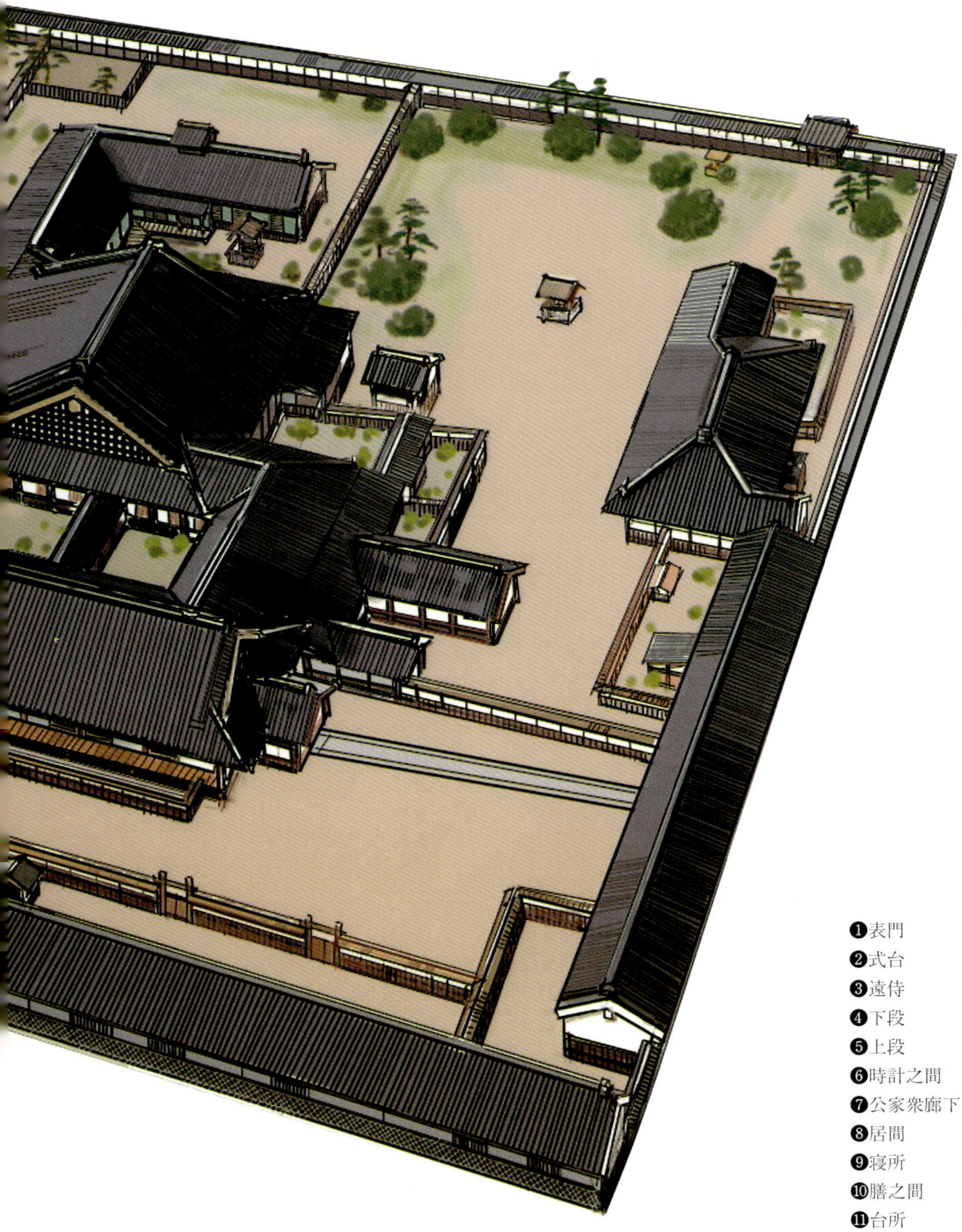

❶表門
❷式台
❸遠侍
❹下段
❺上段
❻時計之間
❼公家衆廊下
❽居間
❾寝所
❿膳之間
⓫台所

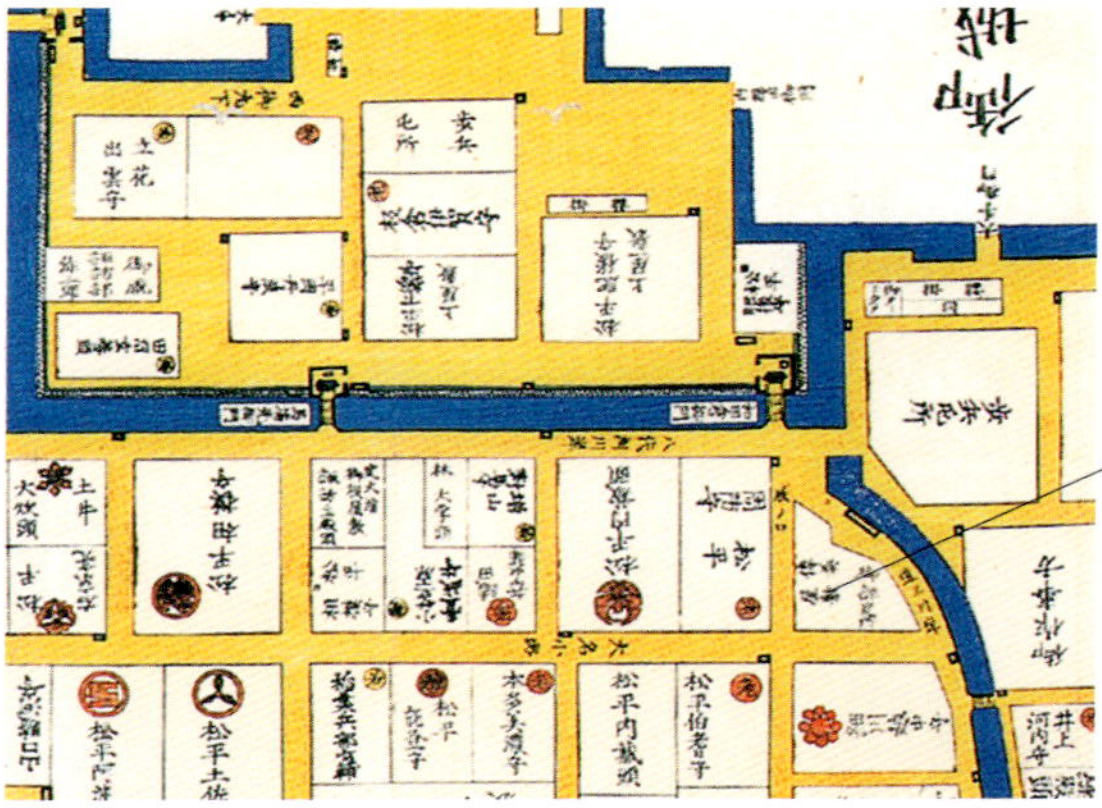


伝奏屋敷（「江戸切絵図」）
大名小路と称された一角に構えられていた。

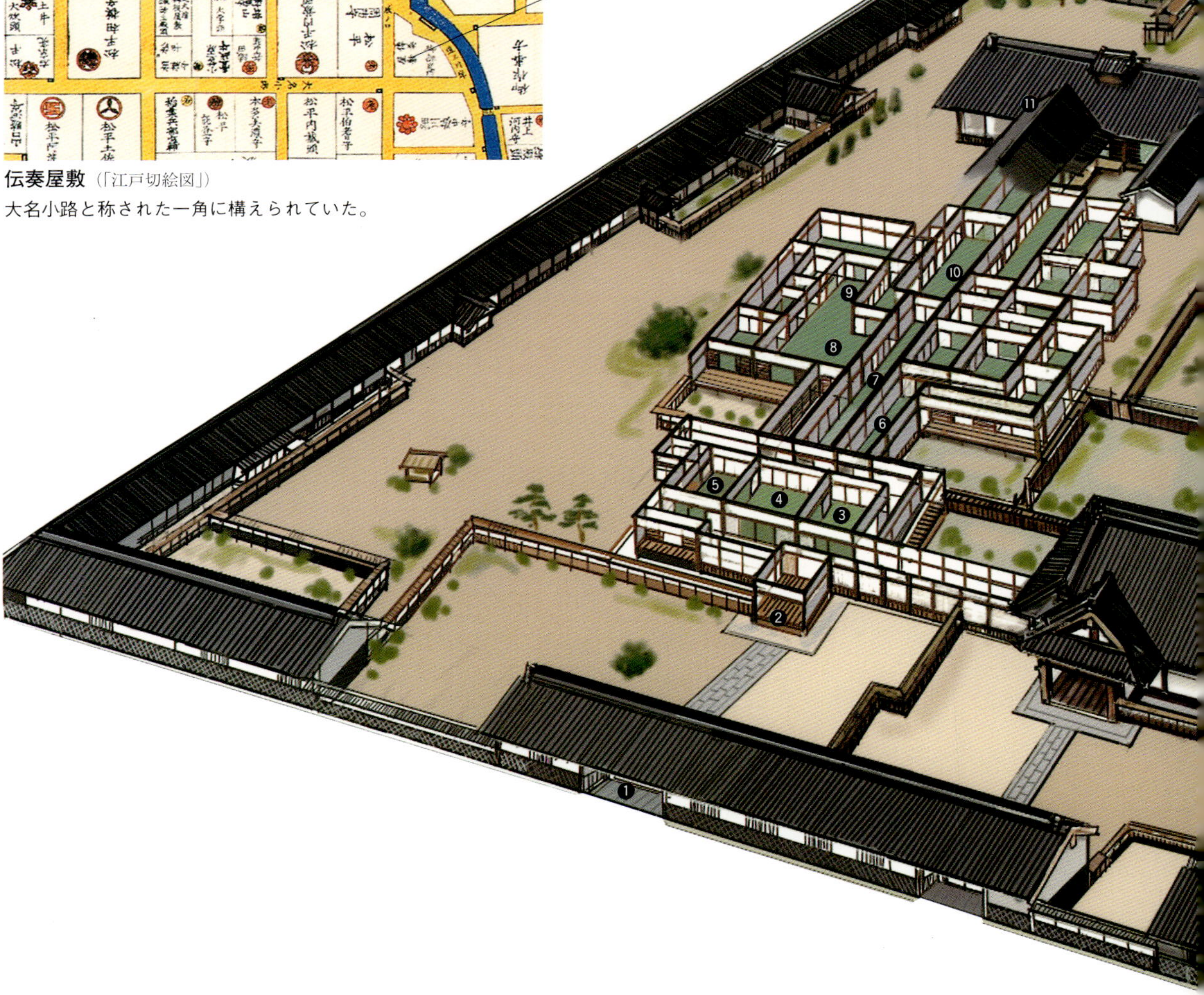


朝廷と幕府の間で、交渉や挨拶などを担った役職が伝奏（てんそう）である。公家が就任し、勅使が２名、さらに法皇使・女院使などの院使がいた。彼らが江戸に出てきた時、滞在用の宿舎となったのが伝奏屋敷である。江戸図では承応２年（1653）の地図で、和田倉門近くの伝奏屋敷を初めて確認でき、その後、場所は変わっていない。それ以前の寛永期や正保期の江戸図では、同所にはまだ見られない。

江戸後期と考えられる伝奏屋敷の図面によると、屋敷地の規模は約2400坪、周囲は長屋や塀で囲われ、三つの長屋門と一つの通用門が設けられていた。それぞれの長屋門に対応して、式台付の玄関が三つある。西側の棟に一つ、東側の棟に二つを配し、各式台には続いて遠侍・下段・上段という部屋が同じように並ぶ。さらに渡り廊下でつなぐ背後の２棟には、次の間を隣接させた居間および寝所の組合せが各棟に二つずつ、都合４組が配されている。

上段を主にした部分が対面・接客用の表向に相当する。いっぽう、居間や寝所からなる部分が奥向の場である。表向や奥向で同じような部屋の組合せが複数あるのは、一時期に複数の伝奏が滞在するためであろう。なお宿舎なので、家族が住むような場所は設けられていない。

（鈴木賢次）

# 勅使饗応

勅使登城玄関前の図（『徳川盛世録』）
江戸城大広間の玄関前に到着した勅使一行。

### ●勅使下向

勅使《ちょくし》とは天皇が朝廷と幕府間の交渉役として派遣した使者で、将軍就任の際の宣旨《せんじ》や、毎年正月の将軍の朝廷への年頭《ねんとう》賀《が》に対する答礼（毎年三月）、また将軍家の慶弔などの際に江戸へ下向した。勅使となるのは武家伝奏《ぶけてんそう》が多かった。忠臣蔵で有名な、松の廊下における浅野内匠頭《あさのたくみのかみ》の刃傷事件が、年頭賀に対する答礼の勅使下向の際に起きたものであることはよく知られている。元禄《げんろく》十四年（一七〇一）にも、三月十一日に公家たちは江戸に着き、翌十二日に将軍に対面、十三日饗応《きょうおう》と例年のとおり勅使参向の日程は進行していた。最後の十四日には京へ帰るにあたっての辞見《じけん》が白書院《しろしょいん》で予定されていたが、その白書院の廊下において、勅使接待の任にあった浅野内匠頭が、儀式を取り仕切る最高職である高家《こうけ》の吉良義央《きらよしひさ》に切りかかったのであった。事件の真相はさまざまに取り沙汰されているが、内匠頭が、毎年行われる儀礼についての先例の調査など事前の準備を充分にしておらず、武家としての心得が足りなかったことを原因の一つとしてもよいであろう。

### ●勅使饗応の次第

では勅使参向とは、実際にどのような手順で行われたのであろうか。天保《てんぽう》二年（一八三一）の年頭の勅使および院使《いんし》参向の際の記録が、『徳川礼典録《とくがわれいてんろく》』にあるので、その様子を追ってゆくことにする。

この年の参向は三月の二日からで、二日に引見《いんけん》があり、一日おいて四日に御能と御馳走《ごちそう》、五日には辞見の儀礼が行われている。二日の引見の儀場になったのは白書院であった。この時の上方からの使者は、勅使が甘露寺《かんろじ》一位《いちい》と徳大寺《とくだいじ》大納言《だいなごん》、院使が高倉《たかくら》中納言《ちゅうなごん》であった。まず将軍家《いえ》斉《なり》が上段の間に着座すると、仁孝《にんこう》天皇からの御祝儀が甘露寺一位・徳大寺大納言によって持ち出され、これを高家が受け取って床の上に納めている。続いて、光《こう》格院《かくいん》からの御祝儀が高倉中納言によって持ち出され、これを高家が受け取って仁孝天皇よりの祝儀と同様に床の上に納めている。終わると、将軍は帳台構《ちょうだいがまえ》をくぐって帳台の間に入り、替って帳台の間に控えていた内府《ないふ》（家慶《いえよし》）が上段の間に出て、将軍の場合と同様な規式が行われたが、内府への御祝儀は床の上ではなく、帳台構の中に納められた。最後に大納言宛の御祝儀が披露され、これも帳台構の中に納められている。

御祝儀がすべて納められると、再び将軍は上段の間に出て内府とともに上段の間に座り、今度は鷹司関白《たかつかさかんぱく》・一条准后《いちじょうじゅごう》ほかからの礼を受けている。これが済むと、板敷の入側《いりがわ》に並ぶ地下《じげ》の人々・摂家《せっけ》や知《ち》恩院門跡《おんいんもんぜき》および聖護院宮《しょうごいんのみや》の使者などの前の障子を高家が開き、これを合図に一同が平伏すると、将軍と内府のいる下段の間前の襖《ふすま》を開いて対面となる。続いて、畳縁に平伏する吉田侍従《よしだじじゅう》の使者との対面が行われたが、この時には譜代《ふだい》大名その他が並んで御目《おめ》見《み》えしている。

四日は勅使・院使への御馳走である。能が大広間前庭の舞台で行われ、見物席は大広間下段の間と二の間で、饗応の席

**将軍宣下殿上規式の図**（『徳川盛世録』）
上図は将軍宣下の宣旨を納めた覧箱を運ぶ場面。左図は勅使が天皇からの太刀目録を、大広間上段に座る将軍に献上している。

は白書院に設けられた。この日、勅使・院使が登城、大広間の見物席に着座、水《み》戸《と》宰相《さいしょう》、譜代大名たちも席に着いた。将軍と内府は、用意が整ったところへ下段の間に出御、二の間に座っていた勅使・院使と対顔、譜代大名らとも御目見えとなった。終わると、将軍と内府が見物の席につき能の開演となった。最初の翁三《おきなさん》番叟《ばそう》が終わると、勅使・院使へは老中大久保加賀守《かがのかみ》が、水戸宰相には同じく松平周防守《すおうのかみ》が将軍のゆるゆると見物なさるようにとの意向を伝え、生田《いくた》敦盛《あつもり》・望月《もちづき》など三番が続けられた。

勅使・院使は中入りの休息の後、白書院の下段の間に移った。七五三の料理は本木地薄盤ですすめられ、老中が挨拶に出て二献、その後御膳が下げられると御茶・菓子、吸い物、そして二献が終わると勅使・院使は殿上の間へ退去し、高家の案内で再び見物の席に戻り、能を見物した。能が終わると、将軍と内府は勅使・院使と対顔、二の間との間の襖が閉ざされ、将軍と内府とは奥へ、勅使・院使は老中が送って殿上の間へ、そして殿上の間で老中に御礼を述べた後、高家に玄関まで送られて退出している。

最後の三月五日は、白書院での辞見の儀礼である。上段の間についた将軍の前に勅使の甘露寺一位・徳大寺大納言が出て下段の間に着座すると、この二人を御前に召して天皇・大宮・准后への御礼、続いて院使高倉中納言に光格院への御礼が伝えられた。将軍の御礼がすむと、帳台の間に控えていた内府が上段の間に出て、将軍の場合と同様な規式が行われた。その後、勅使・院使に京都へ帰る御暇を下さる旨と、拝領物が伝えられると、勅使・院使は最後の御礼を述べて退去、下段の間で拝領物を頂戴し、大広間の三の間まで老中に送られて江戸城から退去している。

（平井　聖）

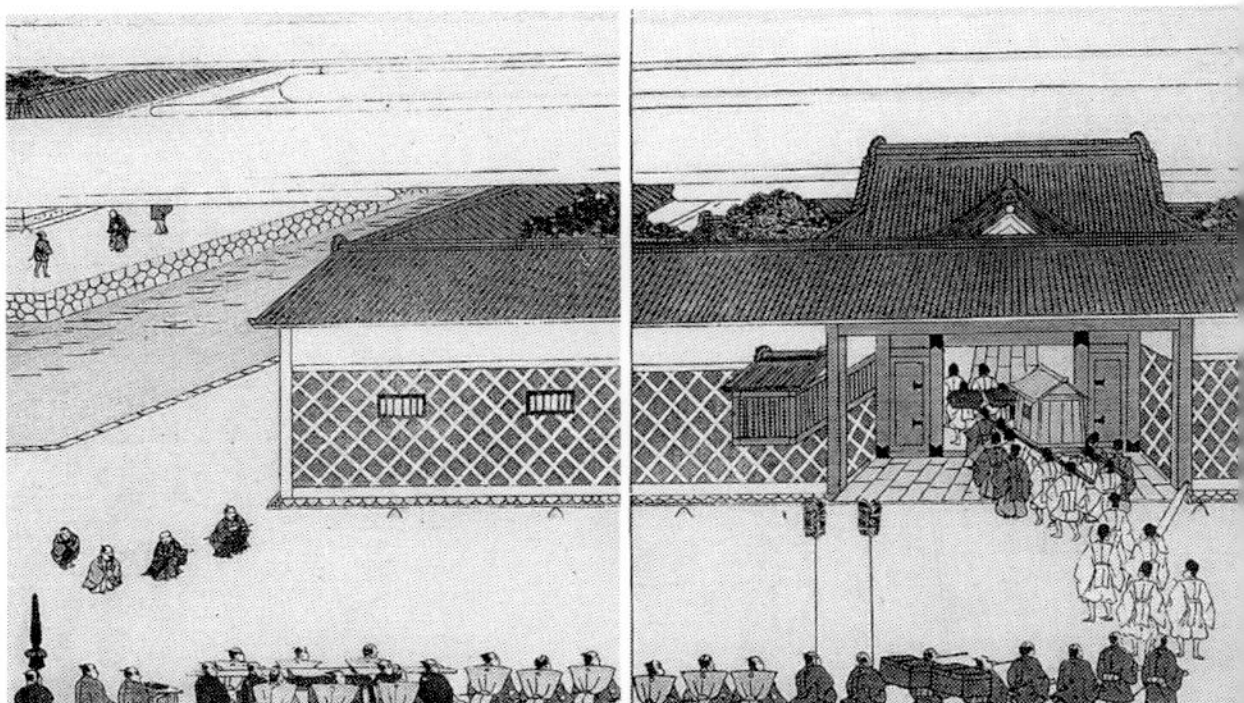

**勅使帰館饗応の図**（『徳川盛世録』）　伝奏屋敷へと帰館する勅使一行。

# 大名火消

## 加賀鳶

江戸は徳川治政下二六〇年の間に、一〇〇回を数える大火があった。明暦《めいれき》三年（一六五七）、明和《めいわ》九年（一七七二）、文化《ぶんか》三年（一八〇六）のそれは、江戸三大火と呼ばれている。とくに明暦の大火は、江戸の中心をすべて焼きつくし、府内に広大な面積を占めた諸大名の江戸屋敷は、総数二一四のうち一六〇を焼失し、被害は甚大であった。府内の防火組織としては、旗本の「定火消《じょうびけし》」、町方の「店火消《たなびけし》」、「町火消」があり、諸大名は幕府の課役により各家で編成した火消組を持ち、時に応じ「大名火消」「方角火消」などの名称で幕府の要所の消火役を勤めたが、それぞれの火消制度がよく整ったのは、八代将軍吉宗《よしむね》の時代である。

金沢加賀《かが》藩江戸屋敷の大名火消は、本郷上屋敷《かみやしき》周辺八丁四方の消防にあたるほか、幕府学問所の聖堂《せいどう》御火消役を勤めた。有名な加賀鳶《かがとび》は、そのお雇い鳶の者のことをいう。加賀鳶はよく組織され、人数も多く派手な服装で火事場に出勤して、江戸市中に加賀一〇〇万石の威勢を示した。五代藩主前田綱紀《まえだつなのり》は、加賀鳶の創設に尽力した。

享保《きょうほう》三年（一七一八）設置当時の加賀鳶は、一番手から四番手までであり、一番・二番手を本郷上屋敷に、三番・四番手を駒込中屋敷《こまごめなかやしき》においたが、のち四番手

「加賀鳶行列図」（上・中）

文政年間（1818〜30）の後期、２世歌川豊国の正確な描写。春３月の候、本郷通りを行く加賀鳶の行列の盛況を描く。身長６尺（約182 センチメートル）近いたくましい鳶が、２列に隊を組んで勇ましく行進した。行列中央（中図右端）の騎馬の武将は加賀藩主自身と思われ、金瓢小馬印を従えている。実際には特別な場合を除き、藩主が火事場へ出勤することはなかった。背景には広大な加賀藩上屋敷が描かれている。

「御人数中見の図」

梯子乗りは各種の鮮やかな技で見物の人々の目を驚かせた。また、重く高い梯子をわずか６人で支えるという剛勇ぶりには、さしもの町火消いろは四十八組も一歩を譲ったという。

「御人数中見の図」「中見」と称する加賀鳶の梯子乗りの光景。中見は火事場で梯子の上から塀越しに火災の状況を見るためのものであった。これは現在では消防の出初式に伝えられている。

（36〜37ページの史料はすべて酒井睦雄氏蔵）

を廃し、中屋敷三番手を予備とした。ひと番手の内訳は、頭一人、小頭二人、纏《まとい》持《もち》二人、平鳶二〇人、合計二五人で、火事場出勤はふた番手の五〇人であった。ほかに指揮役の武士以下、警護方の侍、道具方の足軽《あしがる》、小者《こもの》などが五〇〜六〇人おり、合計一〇〇人以上が火事場にあたった。

鳶は全員、黒雲に赤い稲妻模様の派手な半纏《はんてん》を着、その上に背中に斧《おの》の打違《うちちが》いの印を白抜きにした皮羽織を重ねた。皮羽織は頭と小頭は鼠色、平鳶は黄茶色だった。左手に同色の皮頭巾を、右手には手《て》鉤《かぎ》か長鳶口《ながとびぐち》を持つ。鳶頭のことを「お手木《てこ》」といい、平鳶のことを「目《め》代《だい》」と呼ぶ。行列の先頭には、銀塗り「角うちわ振り太鼓」の纏持が立ち、警護の侍が行列脇をかため、さらに梯子《はしご》、水桶、塗《ぬ》り籠《ご》、竜吐水《りゅうとすい》などの火消し道具を持つ足軽と小者が従った。行列中、騎馬で指揮をとるのは「物頭《ものかしら》」「御纏奉行」である。その火事装束は美麗で、三尺もあるラシャ布つき兜頭巾《かぶとずきん》を着用した。いずれも一〇〇〇石から二〇〇〇石の武士で、お側衆《そばしゅう》の大小姓組から出ていた。

江戸三〇〇諸侯それぞれの大名火消のなかにあって、加賀鳶の活躍ぶりは市民の人気を集め、創設時から幕末にいたるまで加賀藩の伝統と名声を維持したのであった。

（酒井睦雄）

# 明暦の大火と江戸城下

## ●明暦大火以前の江戸

江戸の城下町は徳川将軍のお膝元、御《ご》府内《ふない》として都市建設が進められ、政治的中心地に発展した。町割の実施・五街道の開設・参勤交代《さんきんこうたい》制の確立などで市街地は急速に膨張、人口集中や商品流通が盛んに行われて大消費地となった。いわゆる「大江戸八百八町」が成立し、江戸の人口は武士・町人庶民合わせて一〇〇万人以上にのぼったと推定される。

その間、江戸の町は度々火災にあっているが、特に明暦《めいれき》三年（一六五七）一月十八日・十九日の両日に起こった大火、振袖《ふりそで》火事の被害は甚大であった。江戸城から大名屋敷、社寺、町屋にいたるまでが焼かれ、焼失民家八〇〇町、焼死者一〇万人余にもおよんだという。これを境に江戸城下は様相が一変することとなる。

明暦大火以前は、江戸城西の丸の西向かい、今の吹上《ふきあげ》に尾張《おわり》・水戸・紀伊《きい》の御三家が並び、三の丸・北の丸に譜代《ふだい》大名や有力な旗本《はたもと》屋敷、城周辺近くにも大名屋敷が配されて、それらの屋敷の豪華絢爛《けんらん》たる表門や御成門《おなりもん》がひときわ威光を誇り、かつ幾棟も建て連ねられた御広間や御座間《ござのま》、御書院などは見る者の目を驚かせた。また、町屋ではツシ二階、瓦葺《かわらぶき》・柿葺《こけら》・曽木板葺《そぎいた》・茅葺《かや》があり、軒ごと切《きり》妻《づま》屋根に「うだつ」を付けていた。このように寛永《かんえい》年間（一六二四〜一六四四）に繁栄した華やかな江戸城下も明暦大火ですべてを失ってしまうのである。

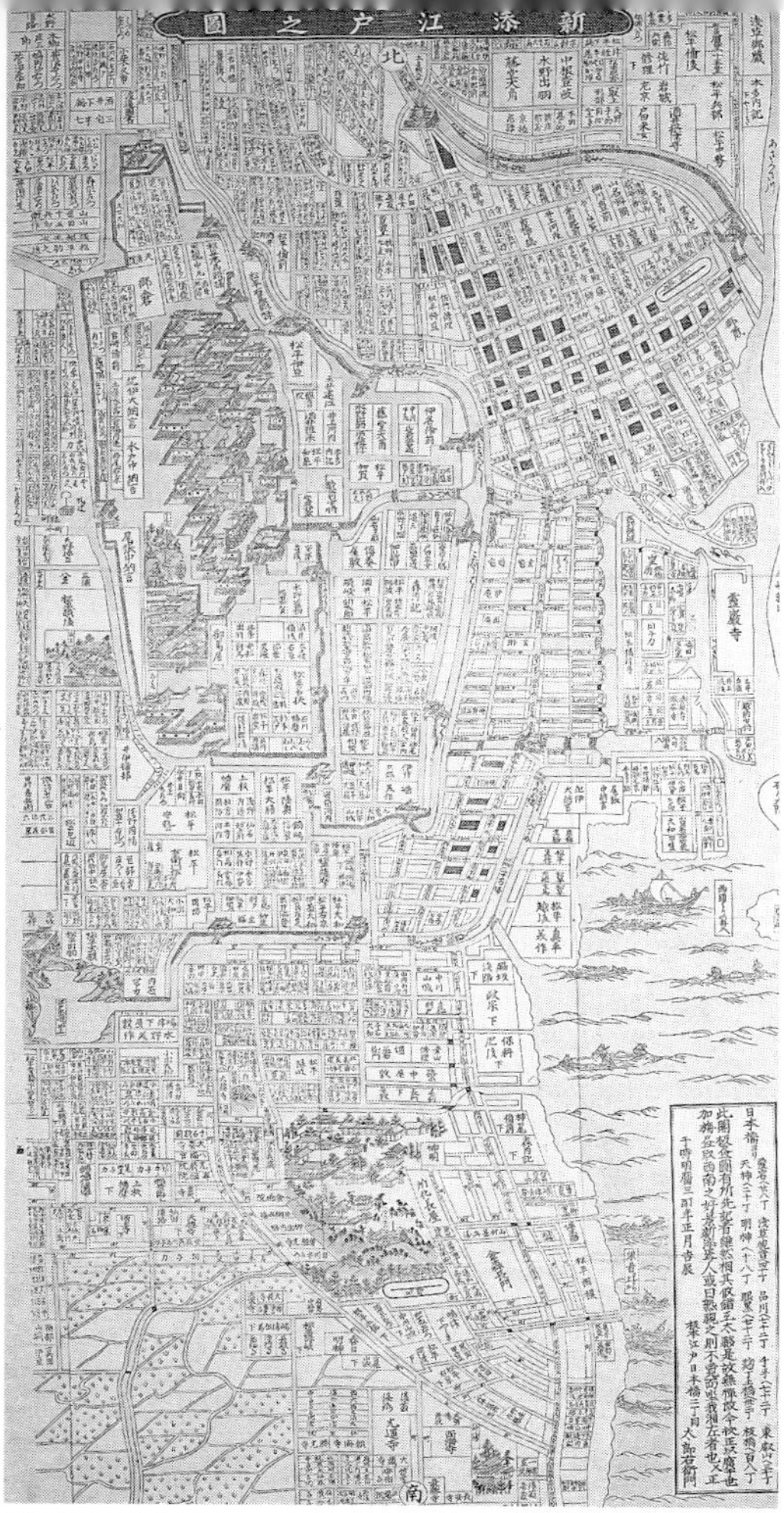


「新添江戸之図」（東京都立中央図書館東京誌料文庫蔵）
明和３年（1657）正月開版とあり、明暦の大火直前の江戸の様相である。江戸城の周囲に配された城下町の町割を分かりやすく詳細に描いている。

## ●防火対策が推し進められた城下

火災後、江戸城は天守以外の本丸御殿・櫓《やぐら》・門などを再建、大名屋敷や町屋も復旧にあたった。幕府は防火対策に本腰を入れ、「火除地《ひよけち》」「防火堤」を新設することとし、そのため、御三家の上屋敷を城外の麹町《こうじまち》・小石川へ転出させた。さらに諸大名の屋敷替えや社寺の移転を行い、その跡地を公共の空地「火除地」とした。町人地に対しても市中の町屋について、目抜きの日本橋通りを拡張したり、外郭《がいかく》の門内にあった町屋を取り除くなどして、火除けの広小路《ひろこうじ》・広場・明地《あきち》を設けた。これらはいずれも延焼防止・火災避難所を考慮した対策であった。また、神田白金町《しろがねちょう》から柳原までの七ヶ町を移して「防火堤」を築造、それに四日市町の日本橋川沿いにも防火堤が築かれた。

武家屋敷や町屋が郭内から郊外へと移転した結果、外郭周辺・武蔵野が開拓され、海岸も埋め立てられて築地が造成されるなどして、町域は次第に拡張していった。万治《まんじ》三年（一六六〇）には隅田川に両国橋が架けられて東岸の本所・深川

**「江戸図鑑綱目　坤」部分**（東京都立中央図書館東京誌料文庫蔵）

元禄２年（1689）刊行の大きな江戸図で、城・寺社、堀・川・海、道、山・土手をそれぞれ色分けし、武家屋敷や町の地割などが克明に記されている。城の北西部に明地数か所、筋違門から浅草橋門にかけて「柳原土手在」、四日市町の日本橋川沿いに土手が見られ、火除地・防火堤を設けたことが明らかである。明暦の大火以後に都市整備された江戸城下の状況が見てとれる。

にも市街地が開かれた。大火を機に大幅な都市改造が断行されたわけである。

それとともに建築規制を改め、三階建ての建物は禁止となり、梁間《はりま》三間以下に制限された。また建築意匠についても華美を抑え質素倹約にし、大火前の大名屋敷に見られた豪奢な気風が戒められて、江戸の町並み景観は大きく変わっていったのである。

明暦大火後、各藩の江戸藩邸から大名火消を出すことが命ぜられたが、享保五年（一七二〇）八代将軍吉宗の時、大名火消や町火消・火の見など消防制度を整えるとともに瓦葺（桟瓦《さんがわら》）が許され、壁も板張りや柱などを露出した真壁をやめて外側を厚い土塗りの漆喰《しっくい》大壁《おおかべ》仕上げとする家作、すなわち耐火建築とすることを奨励したのである。

また、町屋の前面に庇《ひさし》を付けるのは上《かみ》方《がた》と同様であるが、腕木で支える（京都型）か、半間せり出し部を屋内に取り込む（今井型）ような上方の庇に対して、江戸では半間または一間幅で通行可能な庇とされた。これは雪国の生活通路として造られた雁木《がんぎ》と似ているが、その目的は火災時に梯子をかけて屋根上にのぼって消火作業をしやすくするためのものであった。

（松岡利郎）

# 大名の旅

## 加賀藩大名行列図屏風

大名の参勤交代は、慶長７年（1602）に加賀の前田利長が、証人（人質）として江戸に送られていた母の芳春院を訪ねて出府したことに始まるとされている。その翌年徳川家康が将軍に就任すると、大名たちの江戸参勤が広く行われるようになり、３代将軍家光の寛永12年（1635）、『武家諸法度』において参勤交代が制度化された。それ以後大名は妻子を人質として江戸屋敷に置いた上で、一年おきに江戸と国元で過ごすことを義務づけられた。

この参勤交代のために、国元と江戸を往復する大名と家臣団の士卒が組む行列が、いわゆる大名行列である。大名は参勤交代の際にも軍旅の形式をとり、諸藩がたがいに権勢を誇示しようとしたので、人数も多くなり、旅装も豪華になる傾向があった。そのために１万石程度の小さな大名でも100人を越える数になる。100万石大名の加賀前田家などでは、綱紀時代には藩主とともに加賀と江戸を行き来した行列の人数が4000人にものぼったといわれる。加賀藩では、江戸屋敷に約1000人の藩士が定住しており、家族を合わせると約4000人である。従って、藩主が江戸に滞在中は8000人が江戸にいたことになる。加賀藩の江戸屋敷は４か所あり、総面積が32万8000坪（約108ヘクタール）に及んだというから、江戸城とほぼ同じ広さがあったわけである。

行列の順序は藩により違うが、髭奴（ひげやっこ）についで金紋先箱、槍持、御徒などの前駆が続く。金紋先箱というのは、着替えの衣類などを入れた挟箱に、金箔か金漆で定紋を描いたもので、この金紋を入れることができるのは、将軍から許された大名にかぎる。

藩主（大名）は行列の中ほどか、中ほどよりやや後方にいる。ふつう駕籠に乗っているが、馬に乗ることもある。藩主のまわりは馬回り、近習、刀番、陸尺（ろくしゃく）などが固め、その後方に草履取、傘持、茶坊主、茶弁当、牽馬（ひきうま）、騎馬の侍、槍持、合羽駕籠などが後従としてつづいた。

しかし、大名行列の人数が年々ふえ、華美に流れるようになったために、幕府は８代将軍吉宗の享保6年（1721）、行列の人数を制限した。（柳川創造）

**「加賀藩大名行列図屏風」左部分**（石川県立歴史博物館蔵）

**「加賀藩大名行列図屏風」右部分**（石川県立歴史博物館蔵）

# 大名行列

映画などで見る大名行列というと、先払いの侍が通行人に土下座を命じ、行列の先頭の槍持《やりもち》が毛槍を振り降り「下に、下に」とゆっくり通り過ぎて行く。だが、それは宿場内のわずかな区間のことで、道中はかなりの強行軍である。「暮れ六ツ泊まりの七ツ立ち」という言葉もあるから、宿を午前四時ごろ出発して一〇里（約三九キロメートル）前後を行進し、夕方六時ごろ次の宿に到着することになる。それぐらいの強行軍で進まないと、道中の費用がかかりすぎるからである。

たとえば諸大名の中で江戸までの距離がもっとも長い薩摩《さつま》の島津《しまづ》氏の場合など、享和《きょうわ》元年（一八〇一）の参勤交代《さんきんこうたい》の費用は約一万五〇〇〇両、同藩の年間支出の約五パーセントを占めたという。肥前《ひぜん》の鍋島《なべしま》氏なども、片道二六〇〇両もの旅費のために藩の財政が窮乏し、多額の負債を抱えこんだと伝えられる。このように、参勤交代は大名にとって大きな負担となった。しかし、これによって国内の街道や宿場などの交通施設が整備され、また物資や文化の交流などが進んだ。

『武家諸法度《ぶけしょはっと》』には、大名小名は「毎年夏四月中、参勤を致すべし」とあるが、その実施にあたっては、幕府は外様《とざま》大名を東西衆に分け、毎年四月に東西衆を交互に在府、在国させるようにした。譜代《ふだい》大名は六月または八月、関東の大名は二月と八月に半年で交代した。なお、対馬《つしま》の宗氏だけは朝鮮来聘使《らいへいし》の応対があるので、参勤は三年に一度でよかった。

このように諸大名が国元と江戸を往復する時期は決まっていたので、道中の宿泊地や休憩地はあらかじめスケジュールが組まれていた。諸藩では出発の数か月前に先触《さきぶれ》の家臣を出して、宿泊地の本陣《ほんじん》や旅籠《はたご》屋、途中の休憩所などの調査・予約をさせる。宿泊地のほうでも同じ日に二つ以上の大名がかち合わないように、日程を調整する。

出発の日が近づくと先発の宿割役人を出す。大藩になると宿割役人のほかに馬割、川割がいた。宿割役人は宿泊地へ行き、主君の泊まる本陣をはじめ、家臣たちの泊まる脇本陣《わきほんじん》、旅籠を決め、どの宿に誰が泊まるかを張紙する。本陣には「松平《まつだいら》肥前守《ひぜんのかみ》宿」というふうに書いた長方形の板を渡す。これが関札で、本陣では当日、この関札を青竹に結びつけて高く掲げておいたのである。

（柳川創造）

五雲亭貞秀「末広五十三次　二川」（豊橋市二川宿本陣資料館蔵）二川宿に入る大名行列を描く。

**草津宿本陣の関札**

大名が宿泊していることを表示する板札（紙製のものもある）。大名到着の一両日前に宿の入口や本陣表門前に立てた。

**●海の大名行列**

参勤交代の大名行列は、陸路だけでなく海路にもあった。いずれも瀬戸内海を

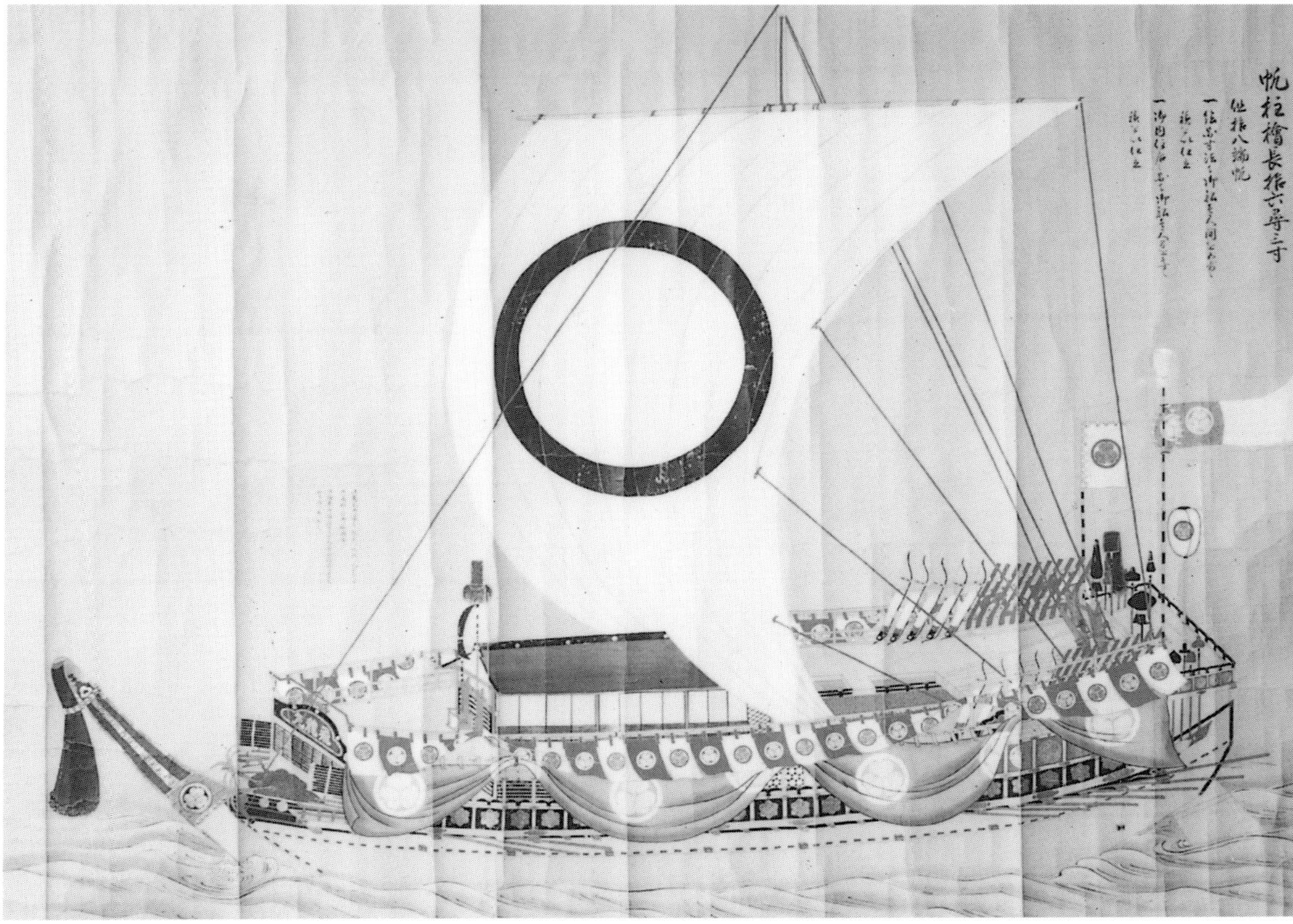

**高松藩の海御座船飛龍丸**

帆走中の飛龍丸。御座船は普通、朱や黒の漆塗りのものが多いが、飛龍丸は白木造で簡素に見える。しかし、水押や垣立をはじめ各所に金銅金具の装飾が施され、華麗を極めている。帆印は円であるが、概して大藩の帆印には遠見がきくように単純なものが多く、小藩では家紋が多い。

航海するもので、中国・四国・九州のいわゆる西国大名が領国と大坂との間を往来する大船団であり、地理的条件と経費節約によるものであった。

大船団の中心は、大名座乗の海御座船《うみござぶね》であるが、大きさは『武家諸法度』で五〇〇石積に制限されていたから、最大級でも全長三五メートル、幅七メートル、櫓《ろ》七二丁、帆一八反程度の関船《せきぶね》に二階建ての館を設けたものであった。また同行する船も主力が家臣団が乗る六〇丁立て前後の関船のほかに多数の小早《こばや》（船）、各種の荷を積んだ荷船、飲料水を積む水船、連絡用の鯨船《くじらぶね》など使用目的に応じた各種の船が随行した。船団の規模は藩の大小で異なるが、通常五〇艘《そう》前後の大船団を組んで航海した。

御座船の館は船体の中央より前にあり、一階に大名用の上段の間と次の間を設け、内部装飾は熊本城に展示されている細川藩の波奈之丸《なみなし》のように、四季の大和《やまと》絵《え》の障壁画《しょうへきが》や草花画の格天井《ごうてんじょう》で豪華にしつらえていたが、船が小さいため、上段の間でも四畳半にすぎなかった。また通常は二階は板張りで座敷ではないが、高松藩の飛龍丸《ひりゅうまる》など静穏な瀬戸内海沿いの諸藩の御座船では二階も座敷とした。ただし正式の上段の間は一階に設けていた。

なお、九州の諸藩の中には、細川藩（熊本藩）が鶴崎《つるさき》（大分市）を基地としたように、瀬戸内海に近い北九州と大坂間を往来する例が少なくなかった。むろん九州周辺の荒波を避けるためで、こうしたところにも耐航性の少ない参勤交代用船団の弱点がでているわけである。

（石井謙治）

# 箱根宿駒本陣

本陣研究の基本図書、故大熊喜邦博士の『東海道宿駅とその本陣の研究』所載の図面から推定した、旧箱根宿駒本陣の図である。

この家は明治期に本陣が廃止となってからは、箱根駒ホテルとして営業しており、当時の広告も同書に掲載されているが、旅館としては珍しい茅葺の建物である。幕末の箱根宿の写真を見ると、全宿茅葺なので、おそらく冬の寒気と降雪に備えて、本陣といえども当時から茅葺であったのではないだろうか。

箱根宿の特色は、この駒本陣のほか、川田、石内、平野、又原、天野など本陣が６つもあることで、この数は浜松とともに東海道筋では一番多かった。これは、おそらく早朝小田原なり三島なりを出立した参勤の大名が、昼ごろこの宿へ集中するためであったと思われる。

しかし、小田原と三島間の一日行程の途中にあたるこの宿は、ほとんどが休憩か昼食のみで、泊まりはごく少ない。小田原が本陣３軒、脇本陣３軒、三島が本陣２軒、脇本陣３軒と、随員の宿泊施設が多いのにくらべ、箱根宿では脇本陣が鎌倉屋１軒というのも、泊まりの少ないこの宿の性格を示している。

178坪（578.4平方メートル）余の敷地は、箱根宿本陣中、４番目の大きさである。芦ノ湖を見下ろす景勝の地にあり、建物は表から裏へ通り抜けの大土間を持つ形式で、２つの大きな茅葺屋根のうち、前方に帳場、炊事場、家族・従業員部屋がある。街道に面した店は明治期には

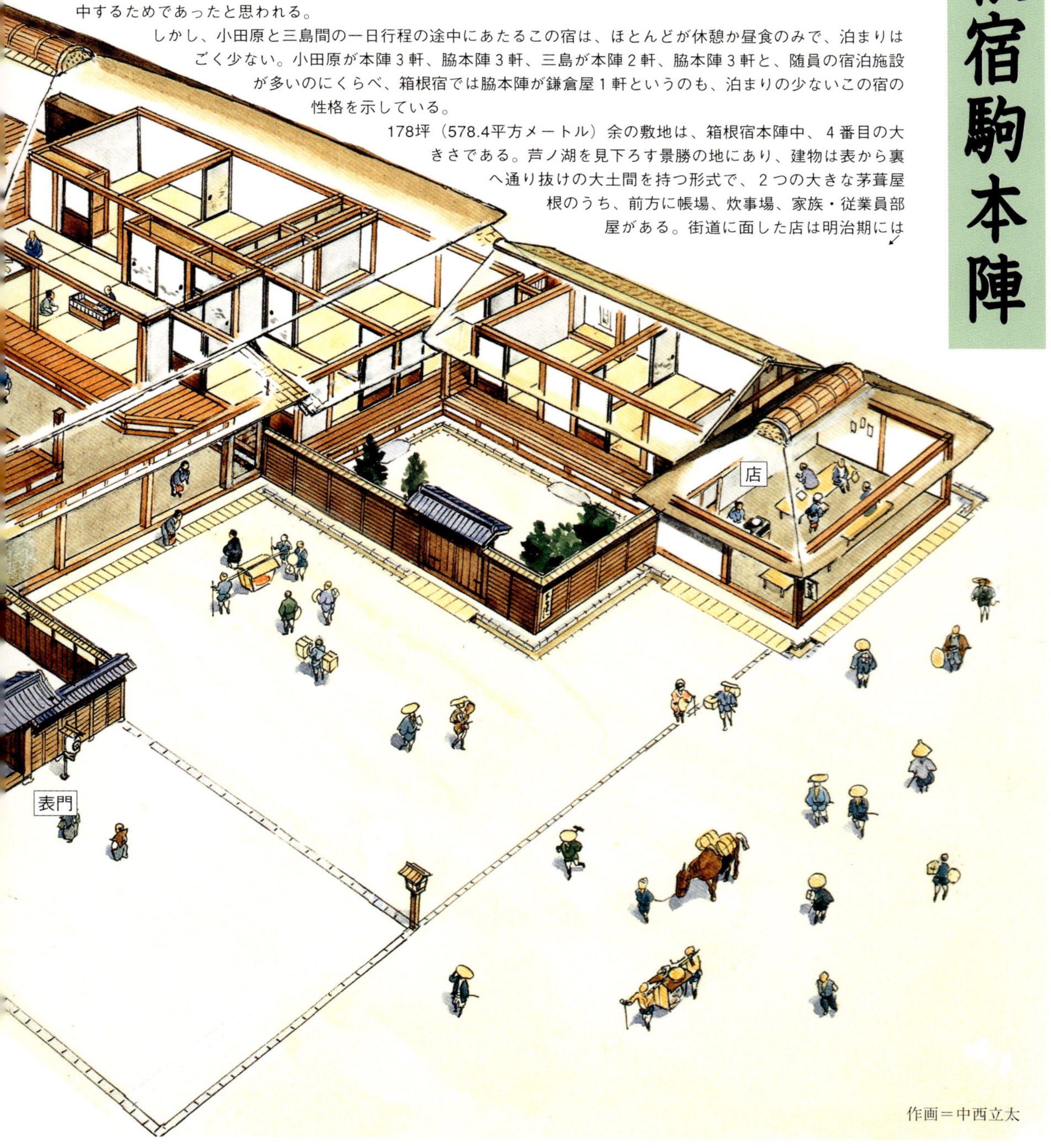


作画＝中西立太

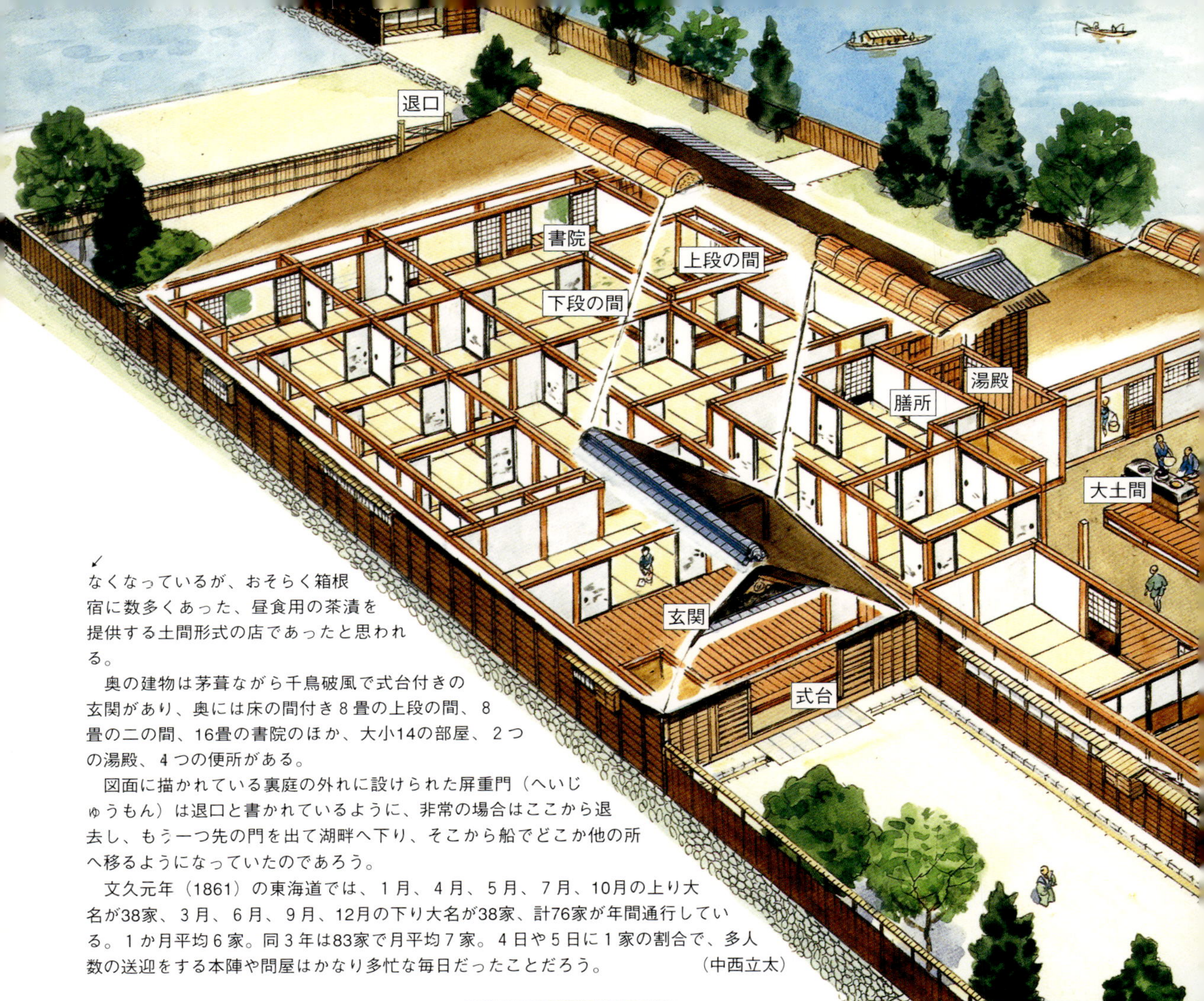


↙
なくなっているが、おそらく箱根宿に数多くあった、昼食用の茶漬を提供する土間形式の店であったと思われる。

奥の建物は茅葺ながら千鳥破風で式台付きの玄関があり、奥には床の間付き8畳の上段の間、8畳の二の間、16畳の書院のほか、大小14の部屋、2つの湯殿、4つの便所がある。

図面に描かれている裏庭の外れに設けられた屏重門（へいじゅうもん）は退口と書かれているように、非常の場合はここから退去し、もう一つ先の門を出て湖畔へ下り、そこから船でどこか他の所へ移るようになっていたのであろう。

文久元年（1861）の東海道では、1月、4月、5月、7月、10月の上り大名が38家、3月、6月、9月、12月の下り大名が38家、計76家が年間通行している。1か月平均6家。同3年は83家で月平均7家。4日や5日に1家の割合で、多人数の送迎をする本陣や問屋はかなり多忙な毎日だったことだろう。（中西立太）

**箱根宿古写真**（横浜開港資料館蔵）
芦ノ湖越しに遠望した在りし日の箱根宿。

# 本陣・脇本陣

**二川宿本陣表門**　本陣の正門で、袖塀付きの薬医門形式となっている。

## ●格式を重んじた本陣

本陣《ほんじん》は元来は、戦時における武将の本営を指した言葉であった。江戸時代になり、参勤交代の諸大名などが宿場の中で家の構えが広く、召使いなどが多数いる家を宿所にあてるようになり、初めは大名宿と呼んだ。これが寛永《かんえい》ころ（一六二四～四四）から本陣と呼ばれるようになったのである。本陣とされた家はやがて本陣職として宿役人の一つと見なされるようになった。

本陣・脇本陣《わきほんじん》を利用できる旅行者は、勅使《ちょくし》・院使《いんし》・宮・門跡《もんぜき》・公家・大名・高家《こうけ》・旗本《はたもと》などに限られていた。当然、本陣はそれに相応しい格式を有しており、門や玄関、書院を備えていた。また建物も大きく、東海道鳴海《なるみ》宿本陣の六七六坪を筆頭に、二〇〇坪前後のものが最も多く（天保《てんぽう》十四年〔一八四三〕時）、一〇〇坪以下の本陣はなかった。なお、本陣に二者が重なった時は、同格の場合は先約が優先されたが、勅使・例幣使《れいへいし》のみは別格とされ、大名はもとより、たとえ将軍の名代でも本陣は譲って、脇本陣へ移らなければならなかった。

本陣の数については、平均では東海道が一宿に二・一軒と最も多く、中山道《なかせんどう》・奥州道中《おうしゅうどうちゅう》・日光道中が一軒強、甲州《こうしゅう》道中が一軒弱であった。一宿の本陣数では東海道の箱根宿と浜松宿の六軒が最多であった。また本陣の補助的な役割を果たした脇本陣は、同じく平均で中山道が一宿に一・五軒、東海道・日光道中が一・三軒、奥州道中が一・一軒、甲州道中が一軒となっていた。

## ●大名の本陣宿泊

宿場の最大の旅客は参勤交代《さんきんこうたい》の大名一行で、数千人にまで及ぶこともあり、大名は本陣に、家臣たちは旅籠《はたご》か、時には近隣の寺院や農家にまで宿泊することもあった。これにより宿全体が潤ったのである。本陣では、門には大名の定紋の入った幕を引き、門前に関札《せきふだ》を立ててどこの大名が宿泊中であるかを明示した。本陣の主人は大名に御目見得《おめみえ》を許され、その際に土地の名産品などを大名に献上し、大名から本陣に下され物があるのが常であった。例えば、元禄《げんろく》八年（一六九五）の越後《えちご》村上一五万石の榊原政邦《さかきばらまさくに》の参勤交代では、宿泊の本陣へは白銀三枚（金二両余り）、昼休みの本陣には金一両を与えている。

大名が本陣に滞在している間は、その当地の領主も、街道の清掃や渡船の手配

**二川宿本陣書院棟の上段の間（左）と主屋通り庭勝手（上）**

上段の間は、大名など主賓が宿泊・休憩する部屋で、本陣の中でも最重要とされた。他の部屋より一段高くなっており、大床や付書院などがしつらえられていた。

を命じ、家臣を警護に出したり、また本陣の大名へ家臣を伺候《しこう》させるなど、道中の大名へのさまざまな心配りを示した。

しかし、時代が下るにつれて、各大名家の財政の逼迫《ひっぱく》などの影響を受けて本陣は経営的には苦しくなっていった。下賜金が少なくなり、それまで昼休みに本陣を用いていた大名も経費節減で茶屋などを利用するようになったのである。

もともと本陣は宿泊客が限定されており、東海道の本陣こそ大名に利用される頻度は高かったが、中山道などでは年に宿泊が数回、昼休みが三〇回程しかなかったのである。やがて本陣も大名以外の客も泊めるようになっていくが、一般の旅籠屋のようにはいかず、江戸時代も後期になると本陣はどこも経営難に陥った。元来世襲とされた本陣および脇本陣も、近世を通じてその職務を務めとおすことは非常に難しかった。

本陣・脇本陣で現在も残るものはわずかであるが、別表にそのおもなものをあげる。

（児玉幸多）

有壁《ありかべ》宿本陣（宮城県栗原郡金成町）
滝沢本陣（福島県会津若松市）

小諸《こもろ》宿本陣（長野県小諸市）
和田宿本陣（長野県小県郡和田村）
下花咲宿本陣（山梨県大月市）
二川《ふたがわ》宿本陣（愛知県豊橋市）
太田宿脇本陣（岐阜県美濃加茂市）
草津宿本陣（滋賀県草津市）
郡山宿本陣（大阪府茨木市）
矢掛《やかげ》宿本陣（岡山県小田郡矢掛町）
矢掛宿脇本陣（岡山県小田郡矢掛町）
平田本陣（島根県平田市）

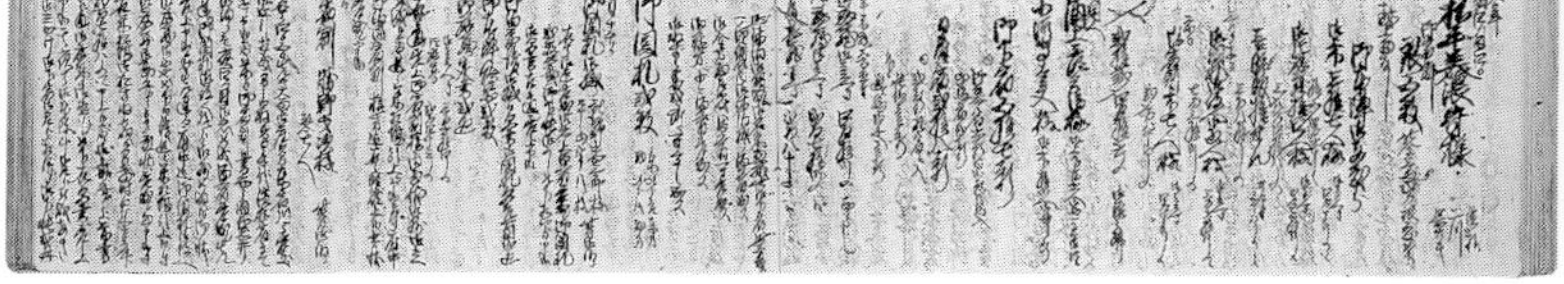

**下馬札**
（豊橋市二川宿本陣資料館蔵）
慶応元年（1865）、徳川家茂が昼休みの際に使用したもの。

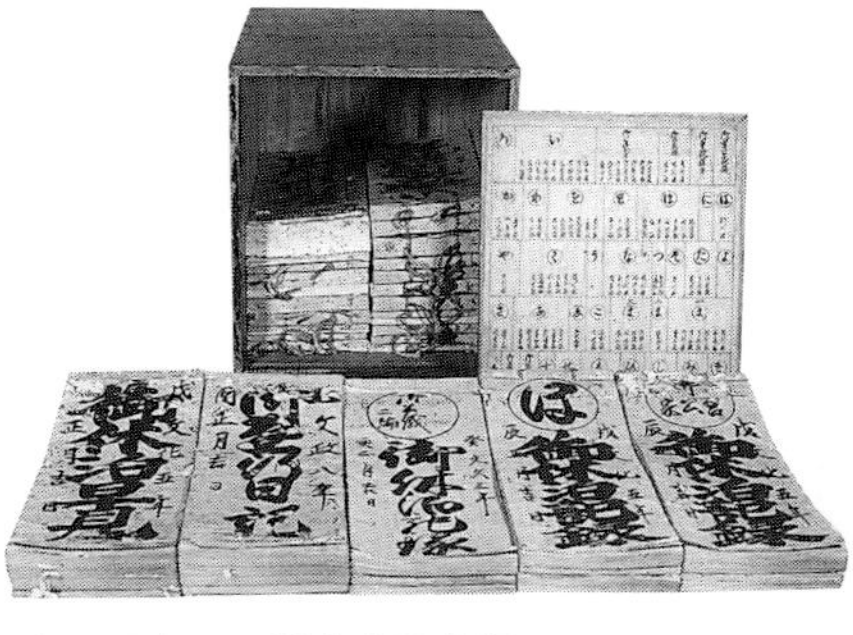

**上・下右　二川宿本陣宿帳**
（豊橋市二川宿本陣資料館蔵）
上は天保８年（1825）の御休泊記録。

# 道中の大名

国主《こくしゅ》および準国主は、子《ね》・寅《とら》・辰《たつ》・午《うま》・申《さる》・戌《いね》の年に、その他の大名は丑《うし》・卯《う》・巳《み》・未《ひつじ》・酉《とり》・亥《い》の年に江戸へ上がる。四〇〇〇人もの供揃《ともぞろ》えを仕立てる一〇〇万石の大大名から一万石程度の柳生《やぎゅう》家のような小大名までが、隔年で各街道を行き来するから、参勤《さんきん》の季節には本陣は多忙を極める。

参府の日時はあらかじめ定まっており、一年前から宿の予約をしておく。行列が宿へ近づくと、槍を立て制止の声をかけながら宿場へ入る。宿場の入り口（棒端《ぼうはな》）には、関札《せきふだ》を青竹の先に掲げて他の旅人の出入りを禁じ、本陣《ほんじん》の前には定紋付《じょうもん》の幕を張る。幕は上りと下りでは張り方に違いがあったという。一対の盛り砂をした玄関前では本陣の主人が、その藩から賜った紋入りの麻裃《あさかみしも》をつけ、平伏して出迎える。夜には表門と玄関前に定紋付の高張り提灯を立てる。大名は駕籠《かご》に乗ったまま式台から上がって座敷まで行き、上段の間に落ち着き一服したところで、宿の主人と名主、町役人が挨拶に伺う。

長柄槍《ながえやり》や毛槍は玄関脇に立てるが、馬印は玄関の間に立てる。玄関脇の大土間の奥の広い板の間に挟箱《はさみばこ》や草履《ぞうり》箱、長持などの諸道具を置く。

要職者や身辺の用を足す側近の者は本陣に、道中奉行や高級家臣は脇本陣《わきほんじん》や問《とい》

作画＝中西立太

屋《や》・大旅籠《おおはたご》に宿泊し、以下順に一般の旅籠や木賃宿《きちんやど》などに泊まる。大大名の場合は宿内の民家にも分宿した。

本陣での大名の食事や入浴の世話はすべて家臣だけで行った。入浴のための風呂桶まで持参する大名もいた。名主から献上される土地名産の魚なども、家臣の料理人が料理して食膳に出す。側近の食事や馬の世話は宿側で行う。

夜は宿内の所々に家臣が張り番をし、歌舞音曲《かぶおんぎょく》、放歌高吟《ほうかこうぎん》などを禁じられた宿内の家臣や人々は早々と床につく。本陣上段の間の床の間には陣中のように武具が備えられ、次の間や後の書院、入側などには不寝番がつく。広島の浅野家では終夜主君が寝ていないことを示すために枕元に小姓が二人座り、交代で『源平盛衰記《げんぺいせいすいき》』とか『太平記《たいへいき》』を声に出して読み続けたという。

出立は朝早く、供の者は四時ころに起きて支度をし、行列を仕立てて出立する。

本陣の宿泊料金は享保《きょうほう》期で、五〇〇〇石から一万石程度で一泊二〇〇～五〇〇疋《ぴき》、休息が一〇〇～二〇〇疋。五万石～一〇万石程度で泊まりが一～三両、休息が二〇〇～六〇〇疋であった。その他に国元の名産品や羽織などの賜り物があったが、宿の方でも大名に土地の名産品を献上していた。

（中西立太）

# 問屋場と旅籠

**●問屋場**

旅人の休泊・食事、人馬の継立《つぎたて》（旅人と荷物の輸送）、通信業務というのが、宿場の三大業務であった。

問屋場《といやば》は人馬の継立の仕事を行った所である。最初は問屋の敷地の一部をあてていたようであるが、業務の拡大などにつれて別の場所に設けられることが多くなった。一か所だけではなく、問屋が二人ならば二か所に問屋場が設けられて半月交代で仕事を行うというシステムであった。

問屋場で働いていた者は、問屋を筆頭にして年寄《としより》（助役《すけやく》）や帳付《ちょうづけ》（書記）を中心に、馬指《うまさし》あるいは人馬指（人馬に荷物を振り分ける役）などの者がいた。帳付と馬指は常に全員が勤務、問屋や年寄は通常は交代勤務だが、大名行列などの場合は全員が出勤した。

大名や旗本《はたもと》・御家人《ごけにん》など幕府の公用旅行者が江戸から旅に出る際には、あらかじめ休泊の日程表と、必要とする人馬を江戸の伝馬所《てんましょ》に提出する。これは直ちに各宿場に伝えられた（先触《さきぶれ》）。参勤交代《さんきんこうたい》などの場合は何か月も前に役人が来て、手配を決めておいた。問屋場では人馬がいつ、どれぐらい必要かが分かるので、それに応じて人馬を揃えておく。東海道の場合は宿で用意できる人馬は一日につき馬一〇〇疋《ぴき》、人足一〇〇人までであったが、それで足りない時には助郷《すけごう》の村々から人馬を徴集するのであった。

大名の参勤交代や公家の通行ともなると、問屋場は多忙の頂点に達した。宿役人から村役人までが大動員され、大名一行の迎え番、本陣《ほんじん》への案内役などの諸役分担が定められた。遠見の者を遣わして大名行列の進み具合を見ることも怠りなかった。当時は川留めなどで日程が大幅に狂うことも少なくなかったのである。朝立の大名

**大岩町問屋場復元模型（20分の１）**
（豊橋市二川宿本陣資料館蔵）

人馬の継立業務を中心に、通信業務（飛脚）も取り扱った問屋場は、宿場のなかでも最も重要な施設であった。問屋場は、勤務する多くの宿役人や、人足、馬などで常に活気を帯びていた。

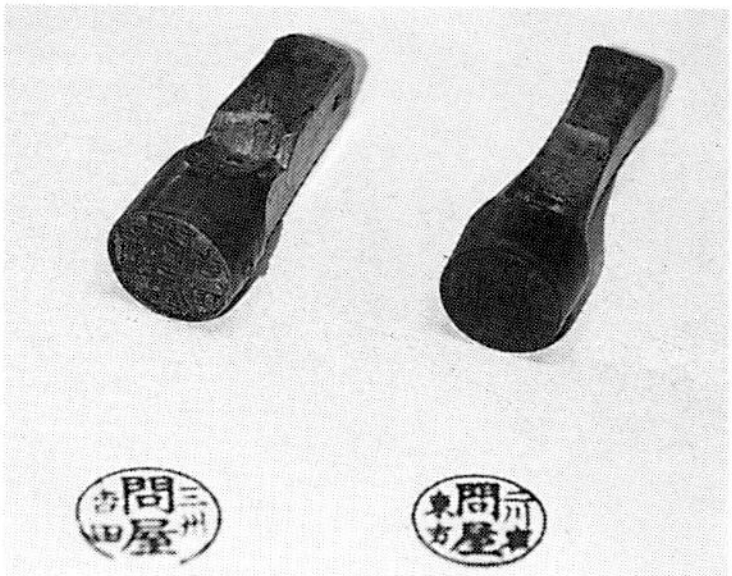

**問屋場印鑑**（豊橋市二川宿本陣資料館蔵）
二川宿（右）と吉田宿（左）の問屋場の印鑑。

**歌川広重「東海道五拾三次之内」〈保永堂版〉藤枝**
（東海道広重美術館蔵）問屋場前の人足や役人たち。

の場合は、現在の時刻で午前六～七時から、二～三時の夜中に出立する場合もあり、人馬を揃えるのは前夜に済ませなければならなかった。夜中に集まる人馬の整理やら、馬を囲い場に入れておくやら、大変な騒ぎであった。

また、武士や神官・僧侶などの一人旅でも問屋場の人馬を使用することができた。通常は先触を出し、それに応じて問屋場で人馬を用意するのは大通行の場合と同様である。武士は駄賃帳《だちんちょう》を持っており、各宿ではそれに駄賃を記し、問屋の印を押印した。

**旅籠屋復元模型**（豊橋市二川宿本陣資料館蔵）旅籠屋の前面の様子を再現したもの。

問屋場では帳付が毎日の出勤人馬を、宿人馬が何人・何疋、助郷人馬が何人・何疋かを日〆帳《ひじめちょう》に記しておいた。

こうした人馬の継立の他に飛脚《ひきゃく》業務も問屋場の仕事であった。飛脚にはいくつか種類があったが、問屋場では最も重要な幕府公用物（江戸の老中《ろうじゅう》や京都の所司代《しょしだい》が出す書状や御用物）を運ぶ継飛脚《つぎびきゃく》を扱った。これらの公用物の扱いは極めて厳格であり、問屋場に着くとまず時刻を改め、汚れや破損などがないか確認したのち受領書を渡した。急ぎが多かった公用物の運搬に備えて、頑健な人足を用意しておくのも問屋場の務めであった。

問屋場は仕事が実に繁多であり、責任も重かったにもかかわらず、与えられる金は少なかった。田畑などの別収があった場合を除いて、次第に疲弊していくことが多かった。

### ●旅籠

旅籠《はたご》は宿にはなくてはならない宿泊・食事施設であったが、その数となると宿場によって千差万別であった。天保《てんぽう》十四年（一八四三）の調べによると、最も多かったのは東海道の熱田《あつた》（宮）宿の二四八軒であった。東海道の宿では桑名《くわな》の一二〇軒、岡崎の一一二軒がこれに次いだが、石薬師《いしやくし》・庄野《しょうの》では一五軒であった。また中山道《なかせんどう》の宿でも深谷の八〇軒に対して八幡《やはた》の三軒などと、宿による差は大きかった。

旅籠の規模については大きなものもあったが、建坪五〇坪以上であれば中以上で、十数坪ばかりの小規模なものもあった。部屋についてはすべてが畳敷とは限らず筵敷《むしろじき》もあり、なかには全部の部屋が筵敷の旅籠もあった。宿泊賃は、一概にはまとめられないが、幕末近くでおよそ二〇〇文ぐらいであったと思われる。この値段が高いか安いかは、待遇などとの関係で決めにくいが、昼飯五〇～一〇〇文、菓子が一〇文～二〇文前後というのが目安にできよう。

宿泊人については必ず宿帳に記し、一人旅や不審な者の場合は宿役人に届けなければならなかった。宿泊人は商売上からいえば当然多いほどよかった。そこで留女《とめおんな》（旅籠近くで客を呼び止める）や宿《やど》引《ひき》（街道などで会った旅人を旅籠に連れてくる）などで旅客の取り合いをすることになる。なかには宿場全体の繁栄を考慮して、客を順番に泊める規定を定めた宿もあった。

（児玉幸多）

# 浮世絵に見る大名の旅・武士の旅

**歌川広重「東海道五拾三次之内」土山〔保永堂版〕**
（東海道広重美術館蔵）
雨中の大名行列を描く。土山は鈴鹿峠を間近に控えた宿で、鈴鹿馬子唄に「間の土山雨が降る」と唄われた。行列の一行は田村川を越えて左手の田村神社へと入って行く。

**橋本貞秀「東海道高輪風景」**

（品川区立品川歴史館蔵）

高輪の大木戸（図左手前）から品川宿まで延びる大名行列はまさに壮観というほかない。当時、日本橋を早朝に発つと、昇る朝日を拝むのは品川付近であった。

**葛飾北斎「冨嶽三十六景従千住花街眺望ノ不二」**

（東京国立博物館蔵）

赤備えの鉄砲袋をかついだ武士の一行が歩むのは、おそらく荒川南岸の浅草通りと思われる。

**歌川広重「東海道五拾三次之内」白須賀**
**〔保永堂版〕**（東海道広重美術館蔵）
白須賀宿近くの潮見坂は、古来より眺望絶景の地として知られていた。大名行列は遠州灘を望みつつ歩を進める。

**歌川広重「東海道五拾三次之内」関**
**〔保永堂版〕**（東海道広重美術館蔵）
大名が宿泊中の関宿の本陣を描く。関札が高く掲げられ、本陣の玄関前には幕が張り渡されている。幕の家紋はそれに当たる大名家が見当たらず、広重の創作であるという。

**歌川広重「東海道五十三次　二川」**
**〔隷書東海道〕**（豊橋市二川宿本陣資料館蔵）
絵の左端中央に「猿か馬場」とあり、二川宿の東にある白須賀宿の西端「境宿」の立場茶屋を描いたものと思われる。茶屋で憩う武士たちが食べている柏餅は「猿か馬場」の名物であった。ただし、これが「猿か馬場」の実景であるか、また二川付近に絵のような場所があったかは不明で、実際は広重の想像による可能性が高い。

歌川広重「東海道五拾三次之内」岡崎
〔保永堂版〕(東海道広重美術館蔵)
三河地方の物資流通を担った大河矢作川に架かる矢作橋は、東海道随一の大きな橋として知られた。大名行列の向かう右手には岡崎城天守がそびえる。

歌川広重「東海道五拾三次之内」藤川
〔保永堂版〕(東海道広重美術館蔵)
右手の馬を従えた武士の一行は、幕府から朝廷への献上馬を運ぶ「八朔御馬献進」の行列である。宿入口で宿役人たちが行列を出迎えている。

歌川広重「東海道五拾三次之内」品川
〔保永堂版〕(東海道広重美術館蔵)
品川宿の入口付近で、まさに出立しようという大名行列の一行。海には満帆の船が並ぶ。かつては品川宿の間近まで海は迫っていたのである。

# 旗本屋敷と旗本の暮らし

## 番町の旗本屋敷

江戸城は南東の低地部へつきでた台地先端部に位置するが、番町の地はその台地上の江戸城西北部にあたる。江戸城の地形を防御面から考えたとき、南東側は城下をなして立地的にすぐれているのに対し、江戸城背後の西北側は武蔵野台地に連なるために防御に適しているとはいいがたい。そこで、千鳥ケ淵を利用して濠を造り、その外側に将軍直属の戦闘集団である大番組の屋敷を配し、防備を固めたのである。

番町の呼称の由来はこれによるが、のちには大番組番士の拝領屋敷に限られることはなかった。旗本屋敷を主にした武家地ではもっとも早く開発された地区であり、街路計画は台地上の起伏ある地形が考慮されている。本図は幕末の番町を描いたものであるが、道路名につけられた番町のうち、「表」とあるのは尾根筋、「裏」は谷筋の道で、それらの道沿いに屋敷の多くが配されている。（鈴木賢次）

考証＝鈴木賢次・作画＝板垣真誠

# 旗本と御家人

## ●将軍直参の臣

将軍・徳川家と直接主従の関係にあった武士は大名・旗本《はたもと》・御家人《ごけにん》である。大名と旗本は家禄高一万石が境界になる。旗本は一万石未満、御目見得《おめみえ》以上とするのが一般的であり、御目見得以下は御家人とされた。しかし、旗本の下限についてはいくつかの解釈がある。一〇〇石を目安にすることもあるが、実際はそれ以下の旗本がおり、また、それ以上の御家人もいるので一つの基準だけでは割切れない。御家人には、譜代席《ふだいせき》・譜代准席《じゅんせき》・抱席《かかえせき》の区別があり、譜代席は三河《みかわ》以来の譜代の者に限られて家禄《かろく》は世襲され、抱席は四代将軍家綱《いえつな》以後召し抱えられた者で一代限りの奉公ということになるが、実際は子孫や親類がその跡を継いだ。

由来は、戦時において徳川家の旗の下で、手勢を率いて活動した譜代の家臣が旗本であり、手勢なしに馳せ参じたのが御家人である。大名は、武力で争った時代の後、徳川家に君臣の関係で従った者、さらに譜代の家臣で一万石以上が与えられた者とがある。徳川家は天下を制覇し、江戸に幕府を置いた。その支配体制が確立する過程で、旗本は将軍直参《じきさん》として「武」から「文」へと移りつつ幕府の中枢を支える幕臣となったのである。家康の関東入府当初、旗本は必ずしも家族とともに江戸に居住したわけでなく、知行地《ちぎょうち》に居宅を構えることもあった。しかしまもなく、ごく少数の交代寄合《こうたいよりあい》のほかは大名のような参勤交代《さんきんこうたい》の制は設けられず、基本的に江戸に定住するようになる。

## ●旗本・御家人の住まい

江戸における大名・旗本・御家人の屋敷は幕府より与えられ、これを拝領屋敷《はいりょうやしき》と呼んだ。大名は上《かみ》・中《なか》・下屋敷《しもやしき》と数か所拝領するが、旗本の大多数は一か所を拝領し、下屋敷を有するのは少数の上級旗本に限られる。上屋敷や一か所のみの拝領屋敷は通常居住する屋敷になるので居屋敷《いやしき》と称した。また、特定の役職に就いた者には役屋敷あるいは役宅が与えられたりもした。御家人には組屋敷または大縄屋敷《おおなわやしき》というものがあり、集団で一括した屋敷地を拝領する。そして、これらの武家屋敷が町人地・寺社地と区画されて、広大な武家地を形成していたのである。幕府は拝領屋敷の敷地規模の基準を家禄の石高によって規定していた。それには寛永《かんえい》二年(一六二五)のものと元禄《げんろく》六年(一六九三)のものがあり、左図に示した。

## ●家禄高からみた旗本・御家人の階層

大名・旗本・御家人の人数についてみると、宝永《ほうえい》二年(一七〇五)で旗本約五三三一人、御家人約一万七二一三人、享《きょう》保《ほう》七年(一七二二)では、大名二六四人、旗本五二〇五人、御家人一万七三九九人である。旗本の人数は俗に旗本八万騎と称せられるが、大名・旗本・御家人全部

拝領屋敷の規模ー寛永２年

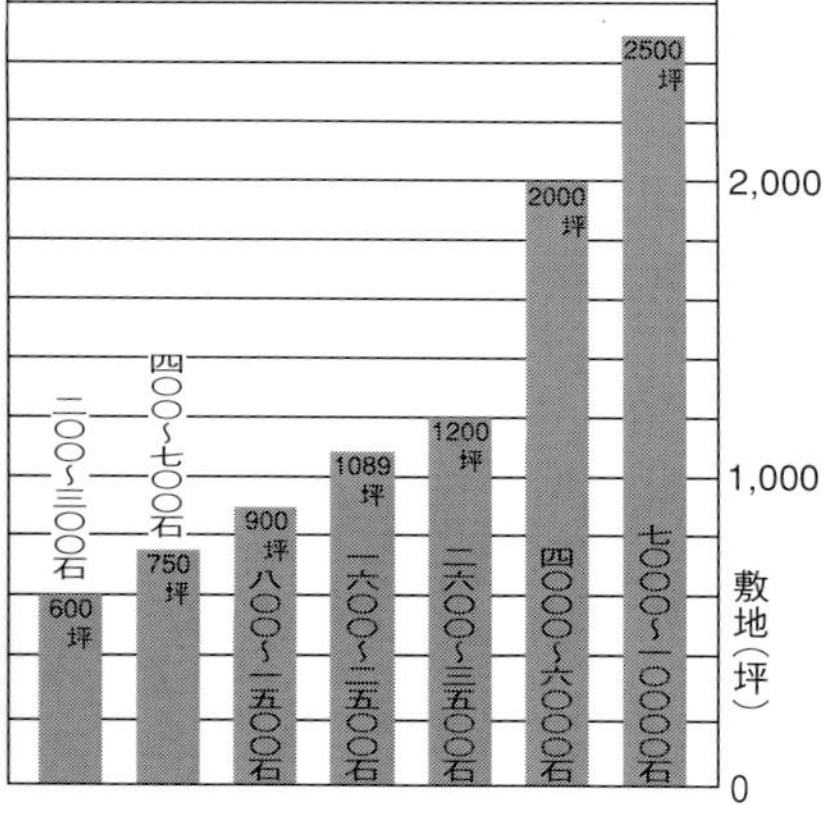


拝領屋敷の規模ー元禄６年

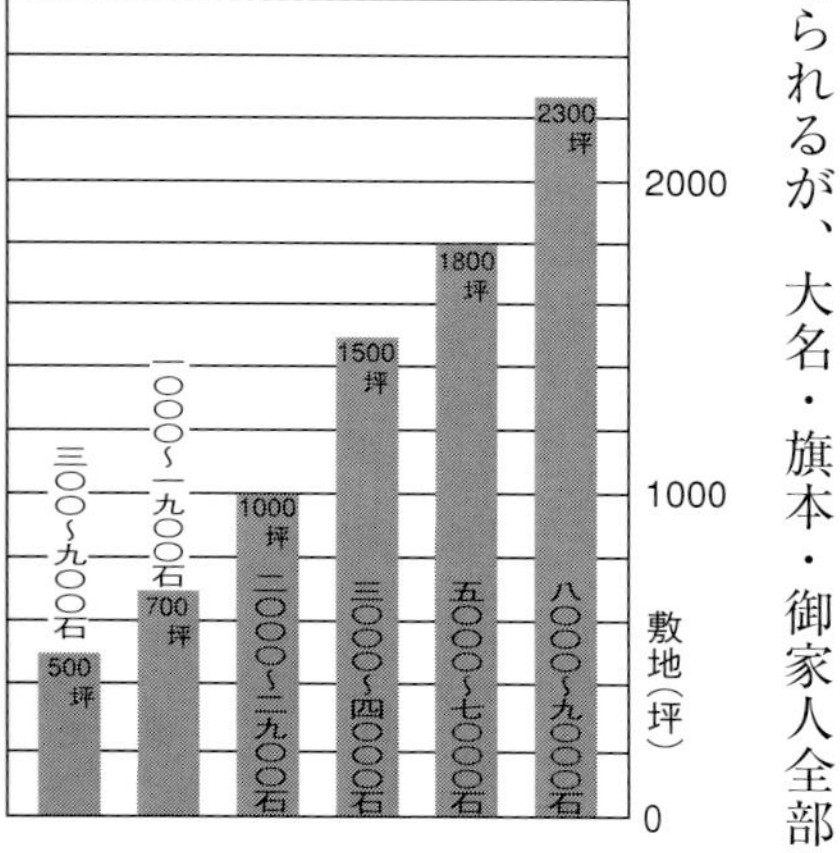

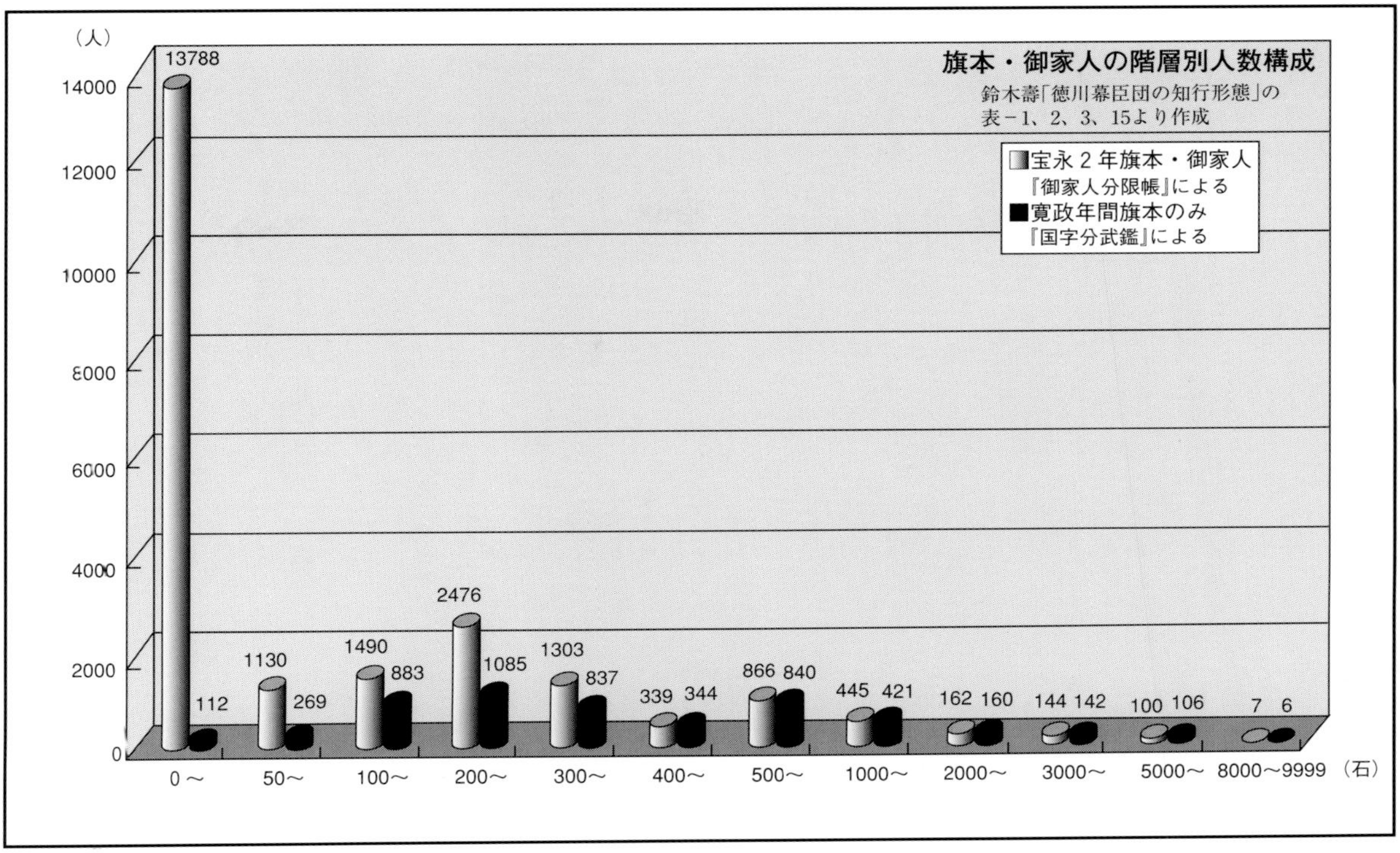


でも八万には満たない。しかし、彼らの軍役の人数、すなわち家臣の人数を含めるとその数は優に越すことになる。

旗本・御家人には、拝領屋敷の規模規定にも認められるように、さらに細分化した階層性が存在した。すなわち、家筋、家禄高、役職などによって細かく格式が定められることになる。そこで、家禄高の面から階層性について述べておこう。宝永二年の旗本・御家人の階層別人数構成と、寛政年間（一七八九〜一八〇一）の旗本のみの階層別人数構成を図にして上に示した。

旗本・御家人という幕臣の総数での、旗本数の割合は宝永二年、享保七年ともに二三パーセントほどである。幕臣全体からみれば旗本より御家人の方がはるかに多い。旗本数は幕末まで大きく変動しないと考えられ、宝永二年と寛政《かんせい》年間で年代に差はあるが前者から後者を差し引くと御家人の家禄高別人数も推測される。

幕臣全体では五〇石未満が圧倒的に多く、六〇パーセント強を占め、幕臣階層の下級層を構成すると考えられる。次いで二〇〇石台が一一パーセントほどであり、一〇〇石台、三〇〇石台の順である。旗本のみでは、二〇〇石台がもっとも多く二一パーセントを占め、次いで一〇〇石台、三〇〇石台が多く、これら一〇〇〜三九九石で全旗本の五三パーセントに及ぶ。高禄の旗本は少なく、三〇〇〇石以上の旗本で五パーセントにすぎず、大名の数とほぼ同数である。また一〇〇石未満の旗本も少なくて七パーセントほどである。幕臣全体の人数構成で第二のピークとなる一〇〇〜三九九石には、全旗本の半数強が属し、しかも、それにほぼ同数の御家人が属することになる。したがって、両者が交錯するこのクラスに幕臣中級層の主体をあてることができるだろう。

（鈴木賢次）

# 一万〜三〇〇〇石の旗本屋敷

↗母屋を配し、奥には泉水・築山のある庭園を営み、さらに茶屋建築が諸所に設けられている。母屋の構成は一見複雑であるが、居室はあるまとまりを見せている。表門から入って、玄関より表書院へと連なる部分が表向の接客空間である。その東側の用部屋を配した奥の細長い部分は、主人のための空間で中奥にあたるであろう。その北側に奥向の空間が配され、両者に接する位置に台所部分がある。奥向は、奥向用の玄関を配した北側の部分が夫人ための生活空間で、東側の庭園に面した部分は、部屋住であるが、すでに出仕している世嗣の居所であろう。なお、庭園に突き出た離れはその奥に土庇を備えた居室を配しているので数寄屋風の建築と考えられ、述斎のもっとも私的な部分といえよう。庭園の中に位置する３棟の茶屋は、それぞれ「静軒（せいけん）」・「遽亭（きょてい）」・「寧芰亭（ねいきてい）」と称していた。（鈴木賢次）

考証＝鈴木賢次・作画＝藤田正純

●林述斎屋敷

屋敷図年代　文化10年〜天保12年（1813〜1841）

屋敷所在地　八代洲河岸

屋敷地坪数　2180坪

建家坪数　700 坪強

母屋建坪数　約390 坪

## 林述斎（大学頭）屋敷

家禄高・3023石余、のち3500石

役　職・儒者

林家は、代々幕府の儒者で最高位にあった。馬場先門近くの八代洲河岸に屋敷を拝領したのは貞享２年（1685）であるが、当時の屋敷地はこれほど大きくなく、しかも、堀端の道路から引っ込んでいた。屋敷地が広がり、↗

↗道路に面するようになったのが元禄14年（1701）で、以後屋敷地を広げてゆくが、図に見られるような屋敷地となったのは、文化10年（1813）である。

林述斎（はやしじゅっさい）は、林家の中興といわれ、幕府に重く用いられ、林家の私学であった湯島の聖堂学舎を幕府の学問所にした。役職における重要性は家禄高よりも高い格式をもたらしたとみえ、そのため、屋敷地規模は、幕府の規定よりははるかに大きく、１万石の大名に匹敵するような規模であった。

敷地周囲に長屋や土蔵、その内側に広大な ↗

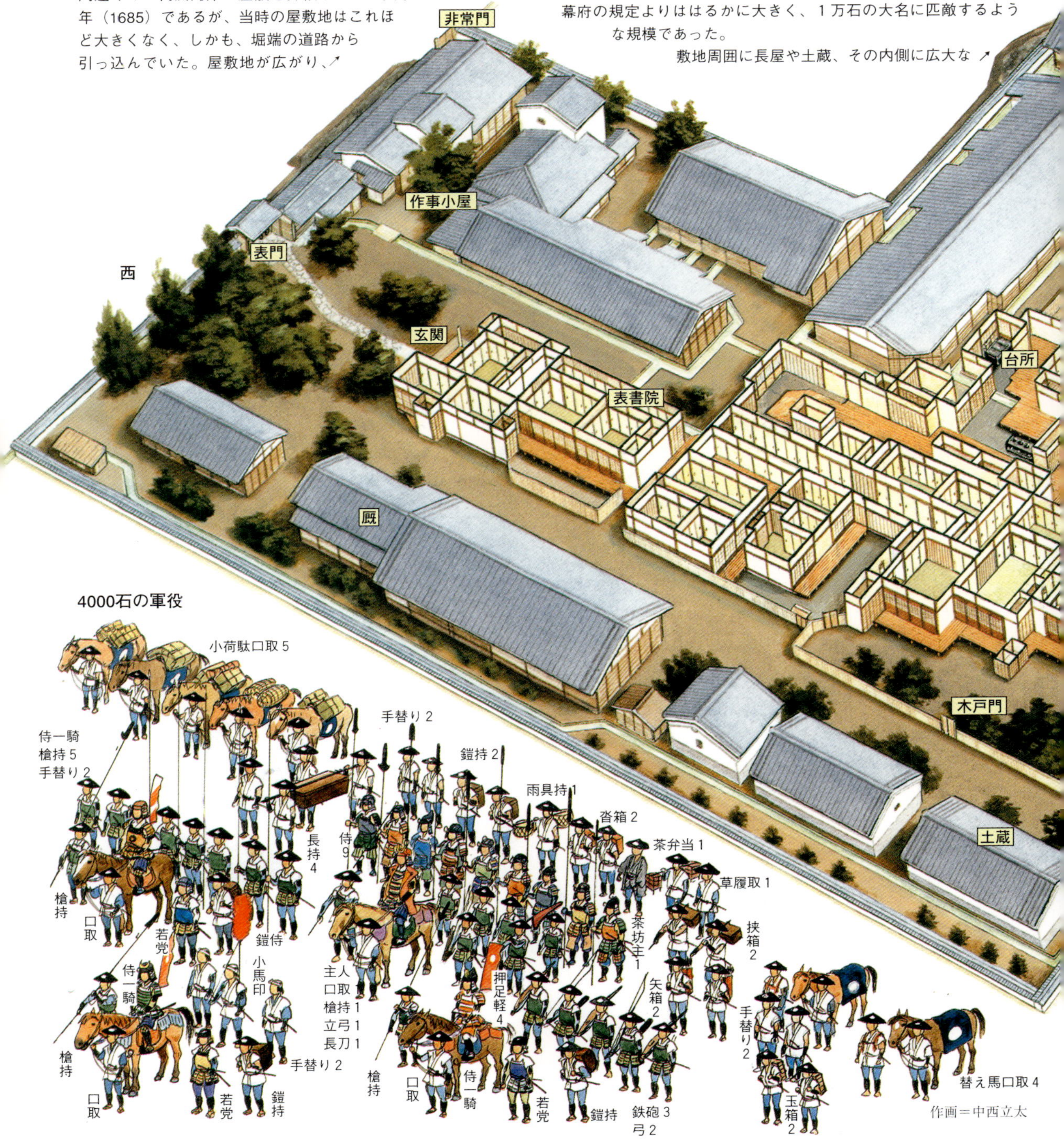

# 旗本・御家人の職制

（旗本・御家人が就いた幕府のおもな役職と、その役高を示す）

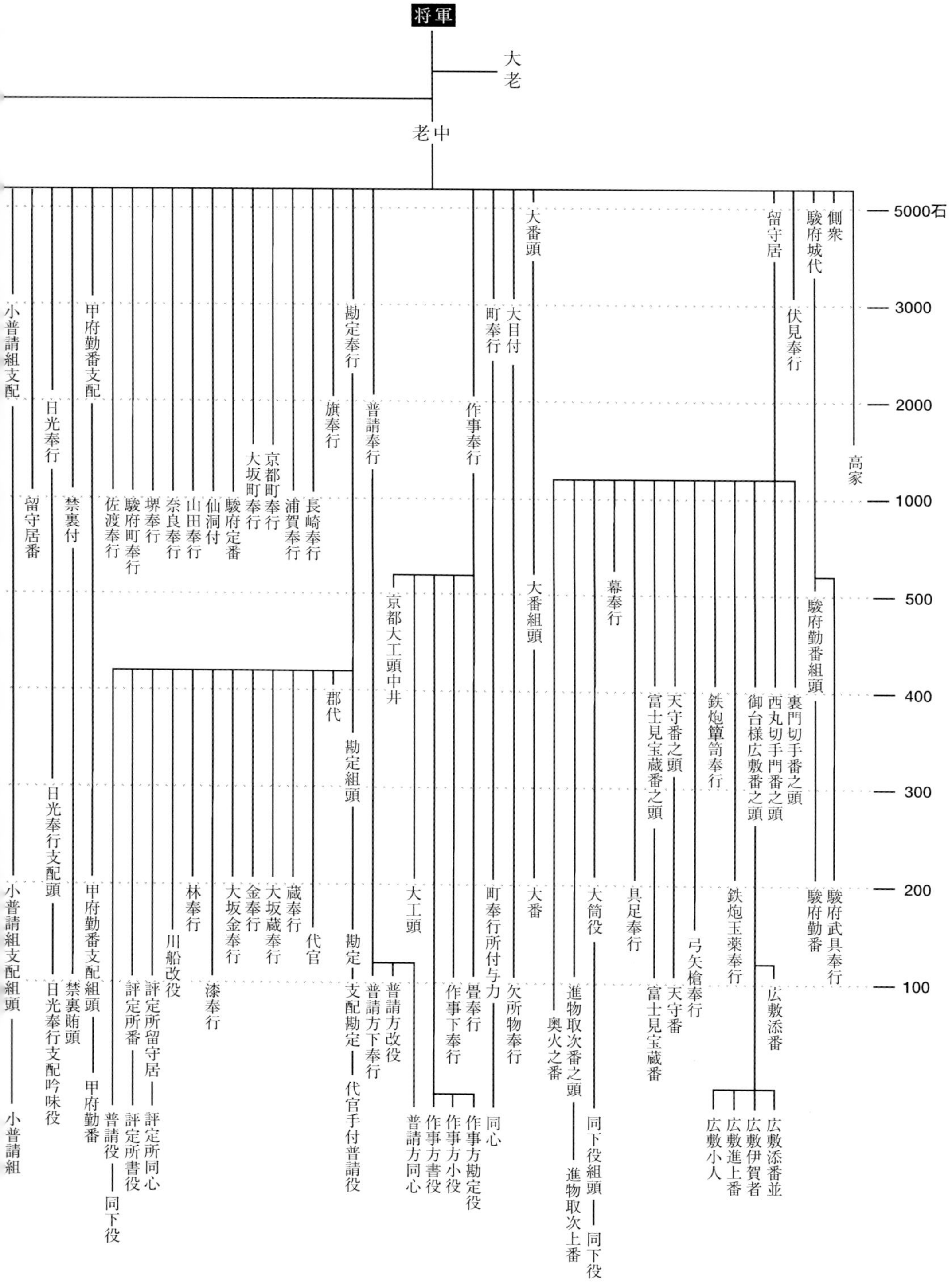

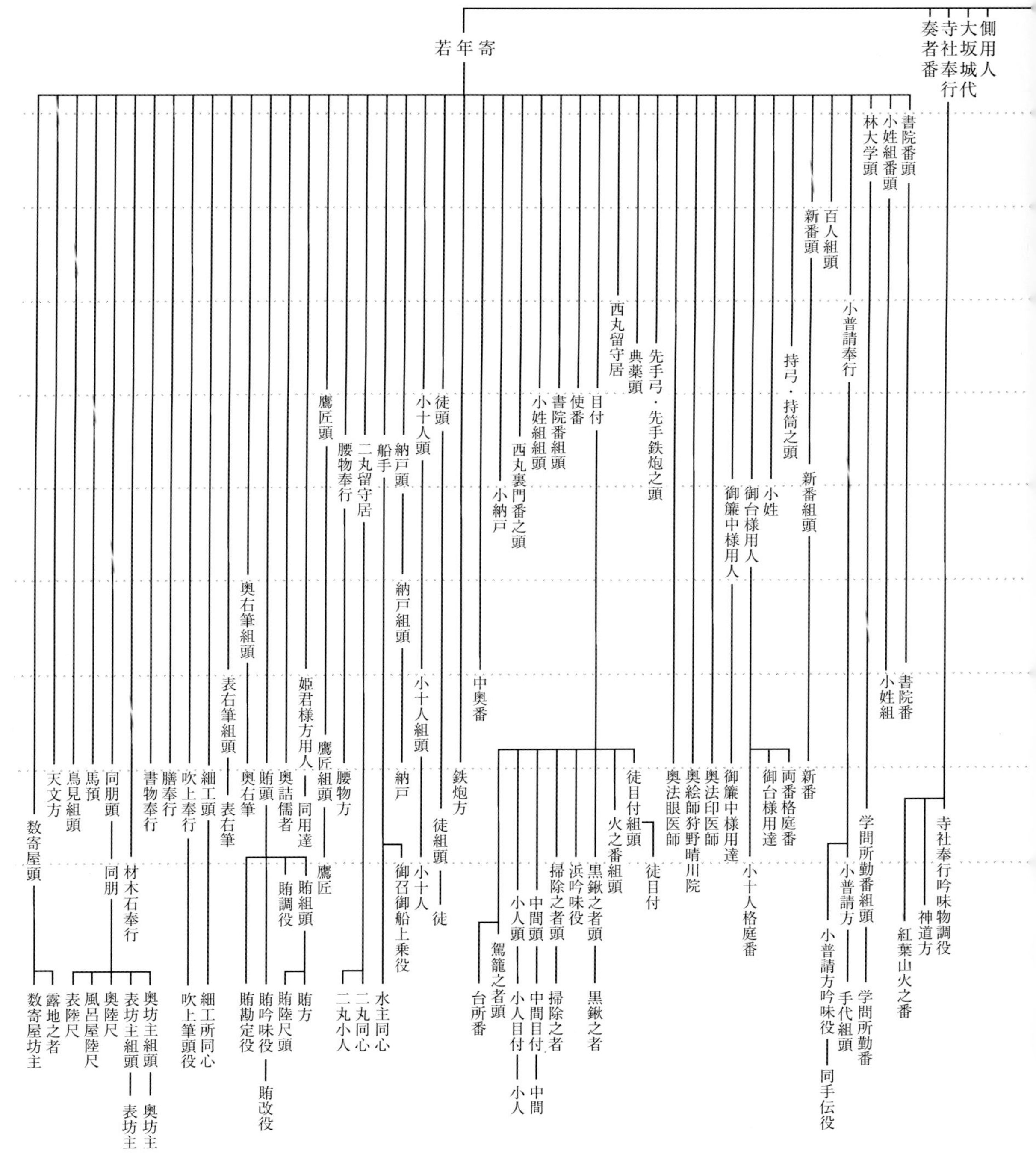
側用人
大坂城代
寺社奉行
奏者番
寺社奉行吟味物調役
神道方
紅葉山火之番
若年寄
書院番頭
書院番
小姓組番頭
小姓組
林大学頭
学問所勤番組頭
学問所勤番
小普請奉行
小普請方
手代組頭
小普請方吟味役
同手伝役
百人組頭
新番頭
新番組頭
新番
持弓・持筒之頭
両番格庭番
御台様用達
小姓
御台様用人
小十人格庭番
御簾中様用人
御簾中様用達
奥法印医師
奥絵師狩野晴川院
奥法眼医師
先手弓・先手鉄炮之頭
典薬頭
西丸留守居
目付
徒目付組頭
徒目付
火之番組頭
黒鍬之者頭
黒鍬之者
浜吟味役
掃除之者頭
掃除之者
中間頭
中間目付
中間
小人頭
小人目付
小人
駕籠之者頭
台所番
使番
書院番組頭
小姓組組頭
西丸裏門番之頭
小納戸
中奥番
徒頭
徒組頭
徒
鉄炮方
小十人頭
小十人組頭
小十人
納戸頭
納戸組頭
納戸
船手
御召御船上乗役
水主同心
二丸留守居
二丸同心
二丸小人
腰物奉行
腰物方
鷹匠頭
鷹匠組頭
鷹匠
姫君様方用人
同用達
奥詰儒者
賄頭
賄組頭
賄方
賄陸尺頭
賄調役
賄吟味役
賄改役
賄勘定役
奥右筆組頭
奥右筆
表右筆組頭
表右筆
細工頭
細工所同心
吹上奉行
吹上筆頭役
膳奉行
書物奉行
材木石奉行
同朋頭
同朋
奥坊主組頭
奥坊主
表坊主組頭
表坊主
奥陸尺
風呂屋陸尺
表陸尺
馬預
鳥見組頭
天文方
数寄屋頭
露地之者
数寄屋坊主

# 三〇〇〇石の旗本屋敷

●池田政和屋敷

屋敷図年代　安政３年（1856）
屋敷所在地　表四番町
屋敷地坪数　1307坪
建家坪数　588 坪
母屋建坪数　304 坪

考証＝鈴木賢次
作画＝板垣真誠

3000石の軍役

作画＝中西立太

## 池田政和（槍三郎）屋敷

家禄高・3000石
役　職・使番

擂磨の国姫路城主であった池田輝政を祖とし、分家によって旗本となった池田家は数家ある。南町奉行となった池田播磨守頼方の家系もそうであるが、この池田政和（いけだまさかず）（槍三郎・左京・内記）の家系もそうである。

旗本池田政和の拝領屋敷の変遷を見ると、初代のときに本所、麹町三丁目、３代のとき永田町に移り、10代政和のときに小川町に屋敷替、さらに表四番町のこの屋敷へ移った。屋敷の規模は、永田町1307坪（約4313平方メートル）余り、小川町1307坪、表四番町1307坪と変わることなく、3000石の旗本屋敷としては標準的なものである。

建物配置は、南側の道路に面して、長屋門の「表御門の棟」とその西に「下表長屋」と称する２棟が建つ。中にも長屋があり、それを「下中長屋」と称している。母屋は、南から順に「御玄関棟」・「御殿様御殿」・「奥様御殿」・「勝光院様棟」（勝光院は隠居した母）と呼ぶ建物が並び、その東側に「御台所棟」がある。

「御玄関棟」は表向接客空間、「御殿様御殿」は主人の生活空間（中奥）、「奥様御殿」と「勝光院様棟」は夫人や隠居のための奥向の生活空間である。各棟の主室の呼称は、書院のほかは居間と称しているが、居間は床や棚を備えて書院に準じた座敷の形式である。また、書院には張付け壁がみられるが、奥様居間には塗壁で美濃紙による腰張りが施され、居室の意匠に格差が見られる。

（鈴木賢次）

# 家禄と役職

**●旗本《はたもと》・御家人《ごけにん》の家禄《かろく》の種類**

旗本・御家人の家禄を見ると、その高は石《こく》・俵《ひょう》・人口《にんく》といった単位で表示されている。いずれも米の量を基準にした収入だが、それぞれ性格の異なった内容を持っている。石は知行取《ちぎょうとり》、現米取《げんまいとり》の両者に使われ、俵は蔵米取《くらまいとり》、人口は扶持取《ふちとり》である。このうち主要なものは知行取と蔵米取である。なお、少数だが両で表示する給金を受ける者もいる。

　知行取は地方取ともいわれ、領地を保有した領主がこれである。知行高はそこで収穫される生産量に基づいているわけだが、豊作の年と不作の年では当然ながら収入量が違ってくる。また、同じ知行高でも肥沃な土地に恵まれた領地と、痩せた土地が多い領地では実収に相違がでてくる。したがって、知行高はその土地にあらかじめ目安として定められた石高であって実収ではない。領地によっては新田を開発し、実収を多くする努力がみられるのである。領主は領民の収穫から年貢を徴収するが、その率を四公六民とすると四割を取ることになる。

　蔵米取は切米取《きりまいとり》ともいわれ、天領《てんりょう》で徴収した分から幕府によって直接支給される。そのため、彼らは知行所を持たず、その年の作柄に影響されずに収入は一定である。支給方法は米俵で、一年を三季に分けて渡される。収入の総量が俵で表示され、一俵は三斗五升（約六三・一リットル）入である。現米取も幕府から直接支給されるが、米の容量で表示したものである。扶持取は月俸ともいわれ、やはり幕府から直接支給される。一人口は一人が暮らす食料分といった意味合いで、一人一日五合の計算で毎月米を渡されることになる。

　ところで、これらの家禄によって格式を判断しようとすると、それぞれの基準がまちまちでは都合が悪いことになる。そのため、幕府は換算できるような方法をつくっている。それによれば、

蔵米取一俵　＝知行取一石
現米取一石　＝知行取二・五石
扶持取一人口＝知行取五石

となる。各人の収入の多少もこれを目安にすることができるだろう。

　それでは幕臣たちの収入は、現在からみればどの程度だったのだろうか。これを比較してみるのは興味深いのであるが、物価や人件費、住宅事情など様々な面で違いがあり、その生活水準まで波及するような推測を行うのはむずかしい。しかし、米の量を基準にしているので、単純に現在の米価で試算してみよう。

　家禄は玄米で受け取っているから、現在われわれが食べているような白米にすると米の量は当然目減りする。しかし、

知行取（土地）→石

蔵米取（米俵）→俵

扶持取→人口（１人分の食料）

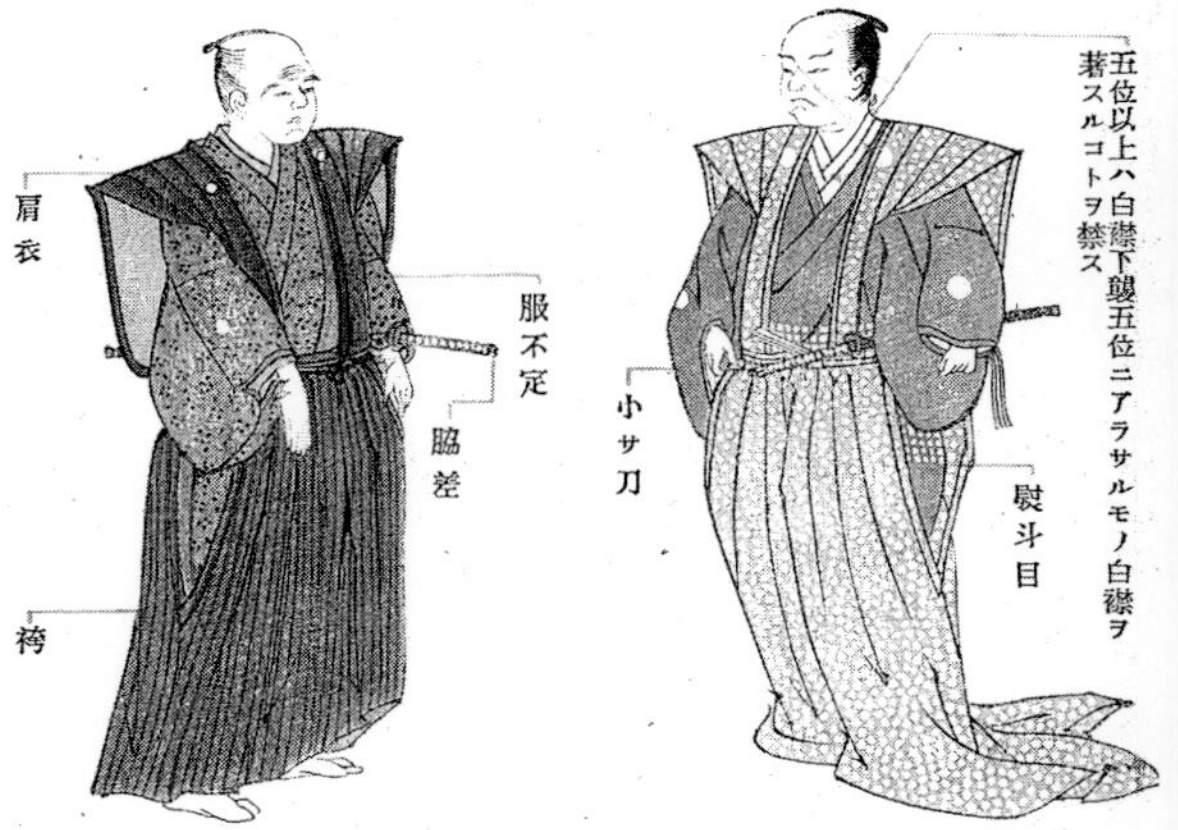


**熨斗目長裃（右）と継裃（左）**（『徳川盛世録』）
継裃は勤務時の平服。長裃は幕士は御目見得以上と役職により着用。また、大名や高家も着用した。

それをとりあえず無視して、米一俵は六〇キログラムとする。平成十一年の東京における米の価格は一〇キログラム三九三三円（『朝日年鑑』〈一九九九年〉）である。これからすると、米一俵は二万三五九八円ということになる。それで知行高一〇〇石をみると、先の幕府の換算法で一〇〇俵になり、二三五万九八〇〇円である。これでは現在の大学新卒の年収とそれほど変わらないので、値段の高い銘柄米で試算すると、一〇キログラム五九五六円（小売値）で、米一俵三万五七三六円になる。知行高一〇〇石は三五七万三六〇〇円で、月給二〇万前後のサラリーマンがボーナスを含めて得る年収程度にはなる。

なお、家禄は一〇〇石以下から九〇〇〇石台まであるわけだから、下級層から上級層まで一〇〇倍以上の開きがあり、収入面からみても、幕臣は非常に幅の広い階層を構成していたのである。

## ●旗本・御家人の役職

幕府の支配機構には様々な役職があった。この役職は格式にも大きな意味を持っていた。家禄高と役職の関係についてみると、両者が独立した制度のもとにあったのではなく、江戸幕府初期の頃は能力に応じた家禄高が与えられ、それに相応した役職に就いた。

家禄高が世襲されて時代がたつと、家禄高と能力が必ずしも一致しない状況が生じ、寛文《かんぶん》五年（一六六五）より幕府は役料を支給するようになった。天和《てんな》二年（一六八二）にはこの役料が本高に組み込まれて役料制が廃止され、これによって当初のように役職を家禄高に反映させることになった。その後、再び以前と同じような状況が生じ、元禄《げんろく》二年（一六八九）から同五年にかけて再度役料を支給した。そして享保《きょうほう》八年、役職に役高を定め、家禄高が役高に及ばない場合、その不足分を支給する足高制《たしだかせい》が実施された。以後はこの足高制が定着する。この制度では、家禄高の低いものが役高の高い役職に就いた場合、格式は家禄高よりも役職によって決まることになる。家禄による収入はきわだった功績がある場合に加増されたり、過失によって減少することもあるが、変動する機会は稀である。持高より高い役高の役職に就けば、より多くの収入を得ることができたのである。

旗本・御家人で役職に就けない無役の者は、寄合《よりあい》ないし小普請組《こぶしんぐみ》に編入される。寄合は家禄高三〇〇〇石以上と、布衣《ほい》という身分を勤めて役職を退いたものが属し、小普請はそれ以下の者である。

（鈴木賢次）

**街道を旅する武士と従者**（『東海道名所図会』）
旅姿の武士と、つき従う供侍、槍持の一行。東海道生麦村付近の茶店での光景。

# 一八〇〇石の旗本屋敷

●天野民七郎屋敷

| | |
|---|---|
| 屋敷図年代 | 安政４年～幕末（1857～1868） |
| 屋敷所在地 | 麹町３丁目横町通 |
| 屋敷地坪数 | 617 坪 |
| 建家坪数 | 286 坪 |
| 母屋建坪数 | 160 坪 |

1800石の軍役

↗屋敷地の規模や、建物の坪数などからいうと、家禄高1000石台の格式としては標準的な規模である。建物配置は、道路に面して長屋門があり、中にも長屋がある。母屋の構成は「中坪」と称する中庭を囲んで凹形をなしている。

表門から入って正面の建物は、「式台」を持つ玄関から左手に表向接客空間、右手に台所部分を配している。表向接客空間の奥に主人の生活空間（中奥）が連なり、台所の奥に奥向の夫人の生活空間が配される。両者は中庭を挟むことになり、中庭は渡り廊下で閉じられる。

表向の主室は10畳と広く、さらに10畳の次の間がある。それに対し、中奥は主室を８畳としながらも、続き間になりうる居室の数は多く、この部分の整備が目につく。中奥あるいは奥向のこのような充実は、旗本屋敷全般にわたって年代が下るほど顕著な傾向である。（鈴木賢次）

作画＝中西立太

考証＝鈴木賢次
作画＝板垣真誠

**天野民七郎屋敷**

家禄高・1800石
役　職・使番

屋敷所在地は麹町とあるが、実際は番町のはずれにあり、周囲の屋敷も旗本屋敷である。天野家がこの地に住むようになったのは天保年間（1830～1844）ごろからであり、以後幕末まで住んだ。その前は永田馬場に住んでいた。屋敷図の正確な年代は不詳であるが、天野民七郎（あまのたみしちろう）が使番の職に就いたのが安政４年（1857）であるから、それ以降、幕末までの間のものであると考えられる。↗

# 勤務と生活

### ●旗本・御家人の勤務

登城には儀式と勤務の場合がある。儀式の際は服装にまで格式が反映する。その服装は官位に則っており、旗本《はたもと》も五位になると衣冠束帯《いかんそくたい》、年始御礼では大紋《だいもん》を着用した。武士の叙任に六位以下はないが、六位相当のものとして布衣《ほい》がある。布衣は無紋の狩衣《かりぎぬ》で、儀式の服装からきた格式である。そして、布衣は無役であれば三〇〇〇石以上の者が着用し、旗本においても格式を区別する重要な指標になっていた。

城勤めをする幕臣の勤務時間は役職によって異なる。大目付《おおめつけ》・勘定奉行《かんじょうぶぎょう》・町奉行などの格の高い役職は、おおよそ四ツ時（午前一〇時ごろ）前には登城し、八ツ時（午後二時ごろ）後に退出した。楽なようだが、勘定奉行はそれ以前に下勘定所において事務処理をしているし、町奉行はその後に奉行所（役宅）で業務を行っている。さらに、土・日もなく仕事をしている。そうなるとたいへん忙しいようだが、勤務は一か月交代で非番の月がある。一方、平役人は数番に分けて当番・非番を決め、二日勤めて一日休みとなる。一日三交代制なので、宿直の番になるときもあった。

### ●旗本・御家人の生活

家政向きの用事は、知行所《ちぎょうしょ》関係と家臣を含めた家の維持・管理が主なものである。ここでは家計を取り上げて、格式別にその支出内訳をみておきたい。史料は算術家高橋保永《たかはしやすなが》という人が文政《ぶんせい》八年（一八二五）に著した『勝手経済録《かってけいざいろく》』である。この史料は叙述が錯綜し、一介の算術家ということもあって、顧みられることの少ない史料だが、当時の家計の支出の目安が家禄高別に記され、おおよその傾向を知ることができる。

〔高一〇〇〇石〕

家臣（一五人）人件費三〇パーセント

衣食住生活費　六三パーセント

（勤入用・女中給金含む）

残　七パーセント

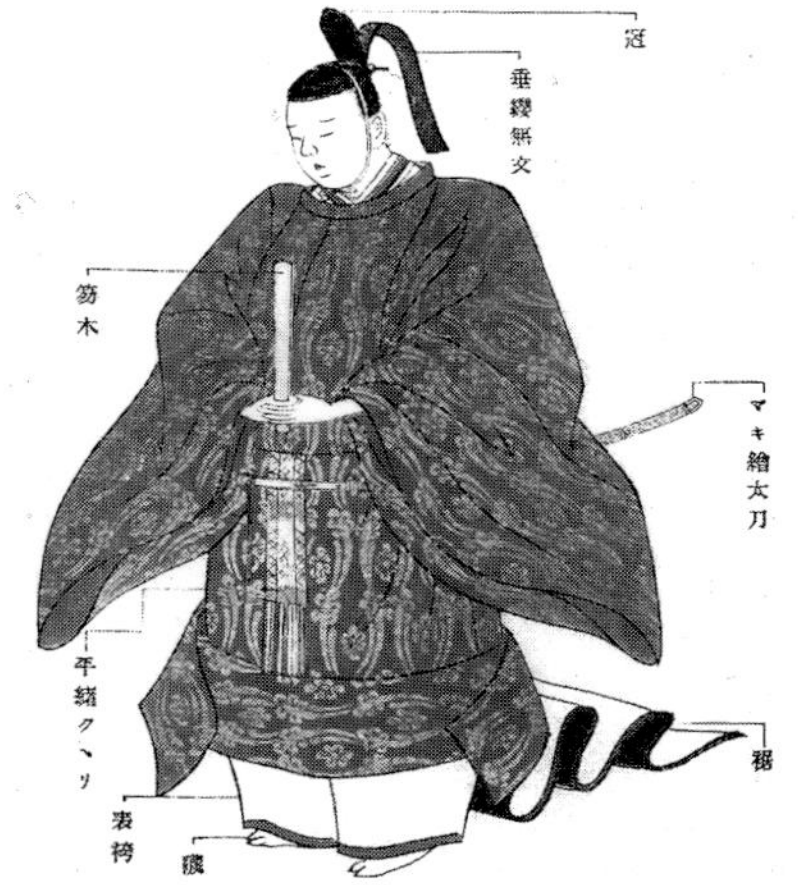

五位束帯の図（『徳川盛世録』）

大紋の図（『徳川盛世録』）

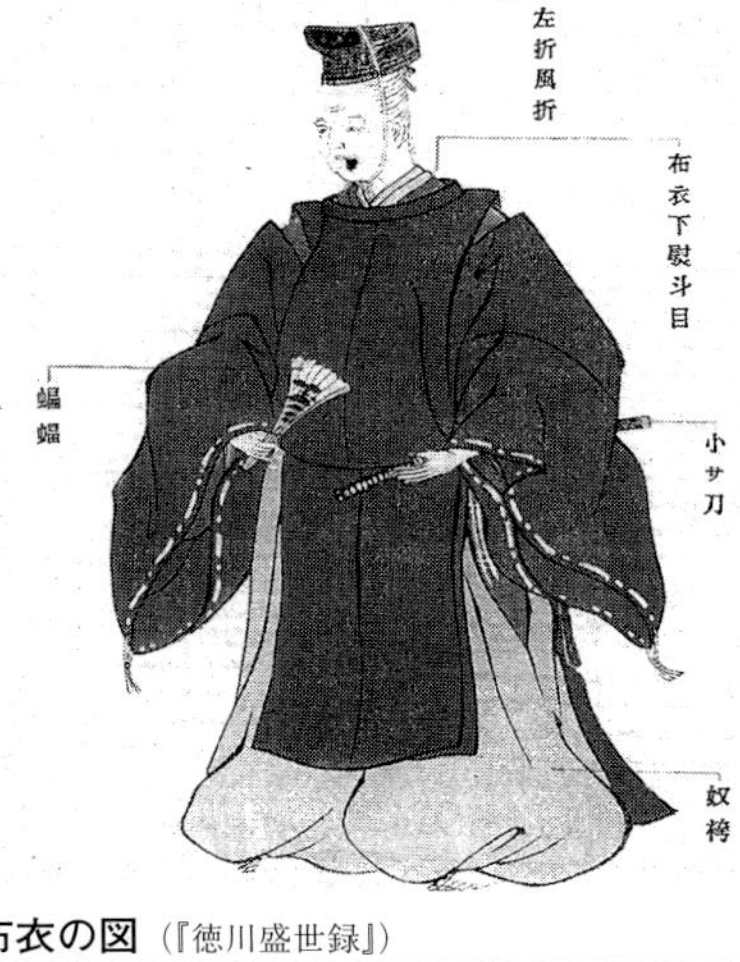

布衣の図（『徳川盛世録』）

旗本屋敷の奥向のようす

作画＝伊藤展安

〔高五〇〇石〕

家臣（五人）人件費　一一パーセント

衣食住生活費（同右）七〇パーセント

残　一九パーセント

〔高一〇〇石〕

下男女人件費　一三パーセント

衣食住生活費（同右）八三パーセント

残　四パーセント

これによれば、下級層ほど生活費の割合が高く、貧しい生活をしいられたといえる。そのため、御家人《ごけにん》は非番のとき内職に励むことになった。ただし、住宅に関しては、土地は将軍家より与えられていたので、現在よりも恵まれていたであろう。

奥向《おくむき》の生活は夫人・子供の生活が中心になるが、その場は、幕臣中級層までは居室も十分確保されていた。しかし下級層の住居は表向《おもてむき》に圧迫され、その場は十分とはいえなかった。なお、夫人の呼称は旗本が「奥様」、御家人が「御新造《ごしんぞう》」とされていたという。夫人の呼称が違うということからみると、御家人の格式張らない奥向の生活風景もありえたと思われる。

（鈴木賢次）

# 旗本・御家人屋敷分布図

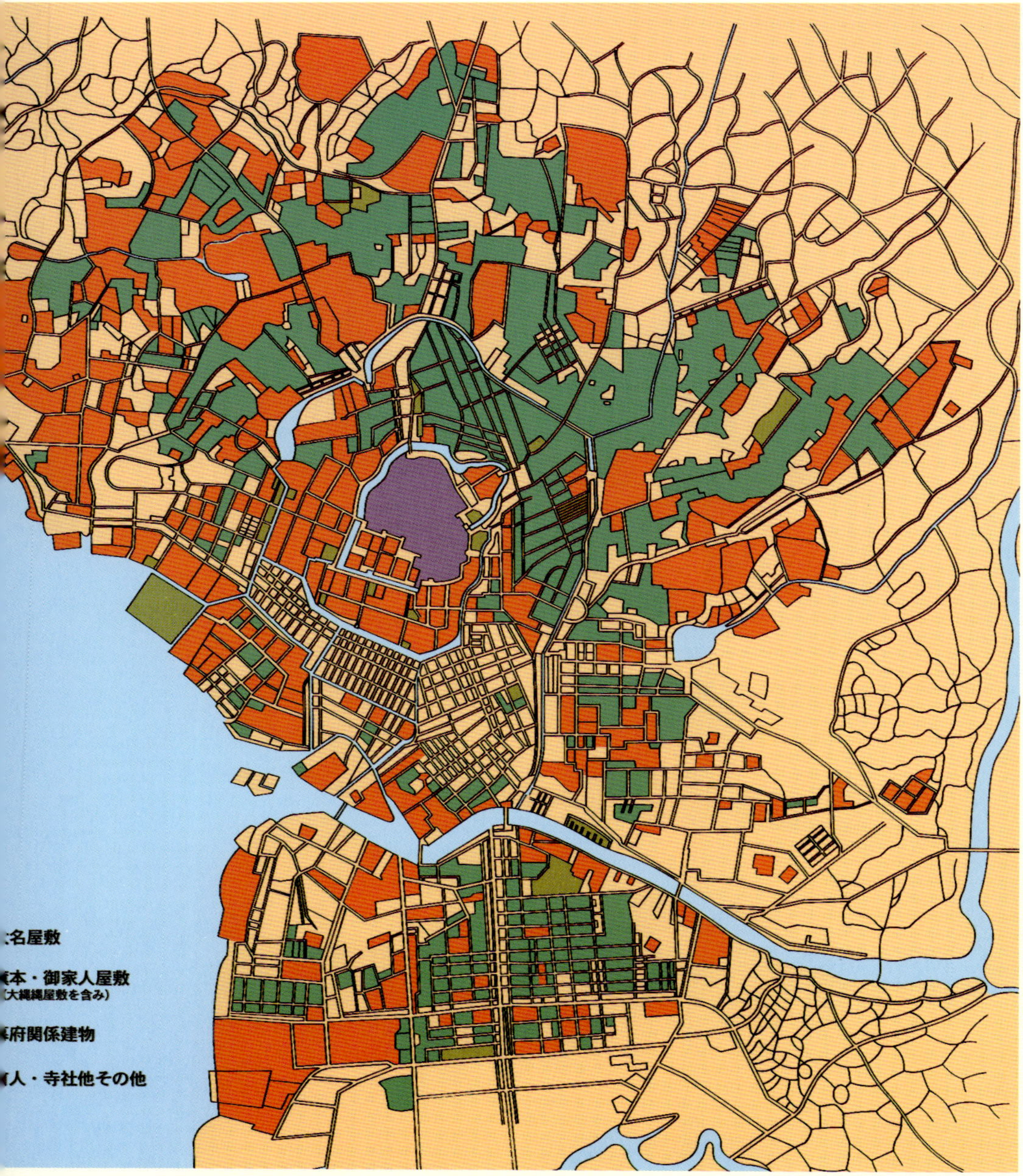


近世城下町においては、武家地・町人地・寺社地が設定されるのが通例であり、江戸の武家地には、大名と旗本・御家人といった幕臣たちが住んだ。幕末の武家地の面積をみると、約1069万坪で江戸全体の面積の６割を占めていた。いっぽう町人地・寺社地はそれぞれ２割ほどである。上図は「萬延江戸図」より幕末の武家地・町人地・寺社地の中で、武家地を取り上げ、大名屋敷と、旗本・御家人の屋敷、幕府関係建物に色分けしたものである。江戸の城下町の大半が武家地であったこと、さらに、武家地の約半分が大名屋敷になっていたことが一目瞭然である。

大名・旗本・御家人の屋敷は幕府より給賜されたもので、拝領屋敷と呼ばれた。拝領屋敷は５～６万石の大名は5000坪、１～２万石では2500坪、300石の旗本・御家人では600坪といったように家禄高によりその広さを規定されていた。江戸中期から後期では、大名の数が約260家、旗本が約5200家、御家人が約16000家で、旗本・御家人の数に比べれば大名の数ははるかに少なかった。つまり、大名が上屋敷・中屋敷・下屋敷など数か所の屋敷を有していても、屋敷総数は1000程度であるから、一つの大名屋敷自体がいかに広かったかということになろう。

(鈴木賢次)

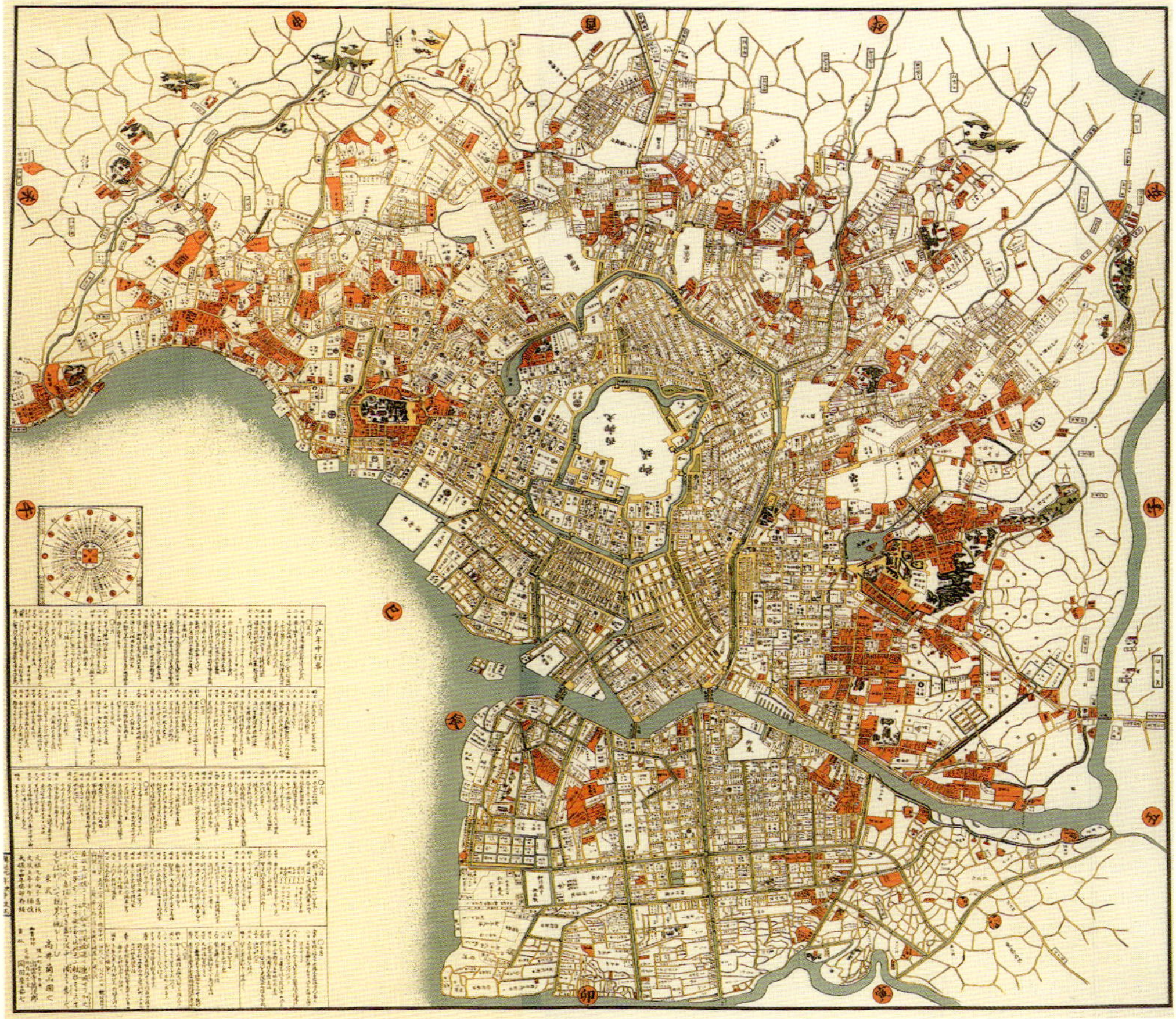

「萬延江戸図」（万延元年〔1860〕）

明暦三年（1657）江戸を襲った大火（振袖火事）によって、大都市江戸は極めて大きな被害をこうむった。広大な面積を有した大名屋敷も、その7割以上が焼失するほどの大火であったが、ただちにさまざまな方面からの復興計画が推し進められた。その結果、江戸は「十里四方（約39キロメートル四方）」といわれるまでに拡大し、人口も天保期（1830～44）には武家・町人合わせて110万人という、当時として世界最大の巨大都市となったのである。

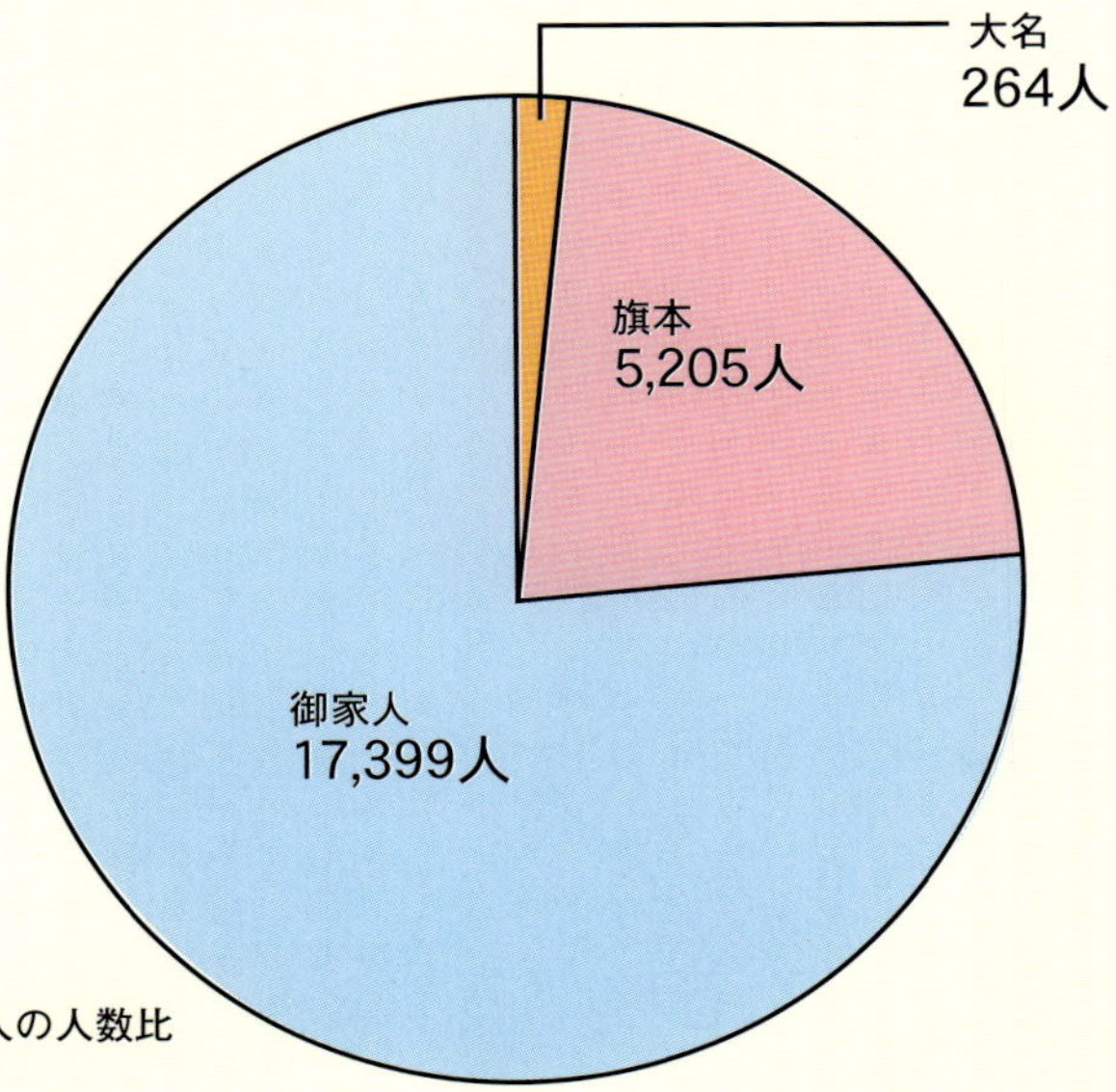


大名・旗本・御家人の人数比
（享保７年〔1722〕）

# 旗本屋敷の構成

**●階層からみた旗本屋敷の規模と構成**

旗本《はたもと》屋敷は敷地中央部に母屋、道路側に長屋が建つ。このほか敷地周囲には土蔵・物置などがある。その建蔽率《けんぺいりつ》（敷地面積に対する建築面積の割合）は江戸時代中期で二〇～四〇パーセント程度、後期で三五～五〇パーセント程度である。上・中・下級層の住居をそれぞれ家禄高《かろく》に対応させて、後期におけるおおよその建家《たていえ》規模をみると、一万石未満一〇〇〇石以上の上級層の住居は建家九〇〇～二五〇坪（約二九七〇～八二五平方メートル）程度（母屋四〇〇～一五〇坪）、一〇〇〇～一〇〇石の中級層の住居は建家二五〇～一〇〇坪程度（母屋一五〇～六〇坪）、そして一〇〇石未満の下級層の住居が建家約一〇〇坪以下（母屋六〇坪以下）であった。

　また、江戸後期における母屋の平面構成についてみると、上・中級層の旗本の住居では、表向《おもてむき》の接客空間、中奥の主人の生活空間、奥向《おくむき》の夫人の生活空間に相応する三つの居所と台所からなっている。表向接客空間の主室は床の間、棚などの座敷飾りを備えた書院あるいはそれを簡略化した座敷である。そして、他の二つの居所においても書院や座敷に準じた室内構成の居間が主室として配される。下級層の旗本及び御家人《ごけにん》の小規模な住宅では、表向の接客空間と奥向の生活空間という二つの居所と台所によって構成される。そして、表向の主室である座敷に対し、奥向の主室である居間はやはり座敷に準じたものとなっている。

　床の間や棚を付設した書院や座敷は、元来、表向の接客・対面的な居室として形成されたものであり、これをもとにして近世初期、大名屋敷において書院造という住宅様式が確立される。したがって、旗本・御家人の住居は大名屋敷のものに倣っている。

**●旗本屋敷の構成の変化**

　ところで、これら旗本屋敷の建家規模や平面の形式は、江戸後期の様相に基づいており、初期からそうだったわけではない。初期の旗本屋敷の建家図は現存する形跡が認められないが、中期において新井白石《あらいはくせき》の「昔は小書院など大かた作り出さず候ところに近年以来は表むきの座敷は事軽く候へども小座敷の数も多くなり来り」（『白石建議』、正徳《しょうとく》三年〈一七一三〉）という記述をみると、初期から中期にかけては旗本の住居の変化がうかがえる。

　また、『落穂集《おちぼしゅう》』の「我等若年の比承り及びたる番町の儀ハ表向に石垣を仕《つかまつ》り長屋作りにいたし白土なとを付たる家と申してハまれにも無之候《これなくそうろう》。屋敷廻りハ大方竹藪にて其内にかやふきの居宅長屋なとを作り小き門の立たる屋敷々々計《ばか》り有之《これあり》たる事也」（大道寺友山《だいどうじゆうざん》著、享保《きょうほう》十三年〈一七二八〉）という記事から、武家地の中でも比較的宅地化のはやかった番町の旗本屋敷でさえ住居に変化がみられたのである。

　「江戸図屏風」は制作年代が明暦《めいれき》三年（一六五七）の大火以降かもしれないが、寛永《かんえい》年間（一六二四～四四）の江戸の景観をもとにしている。これには、大名屋

「江戸図屏風」湯島天神前の旗本屋敷
（国立歴史民俗博物館蔵）

大身の旗本から100石以下の旗本までの屋敷面積を同一スケールで比較したものである。大名に匹敵する大身の旗本屋敷、3000石の上級旗本屋敷、1800石の上・中級の境界にある旗本屋敷、200 俵（石）の中級旗本屋敷、および幕臣下級層に属する70俵（石）5人扶持の御家人屋敷である。

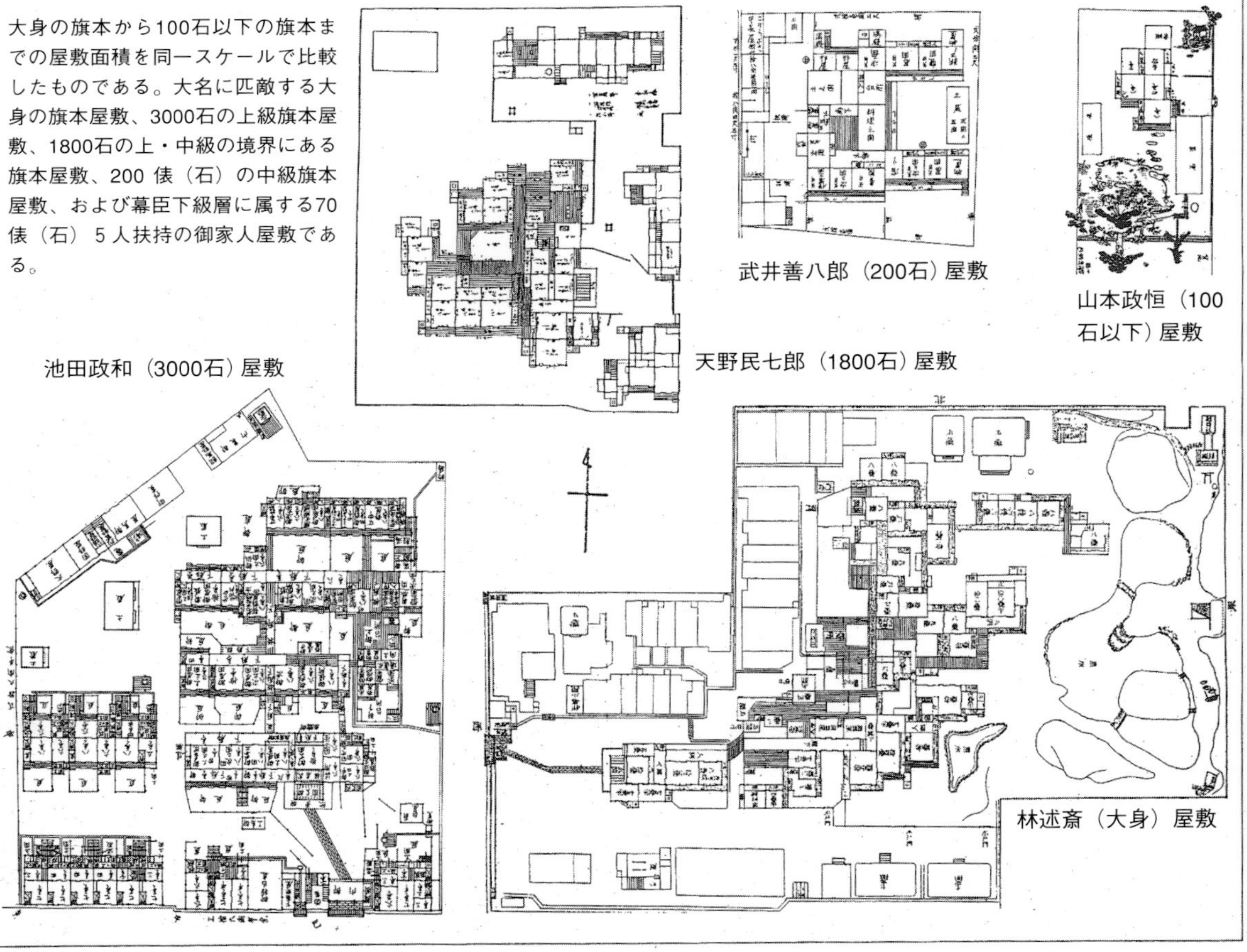


敷や町屋は多数描かれているが、小規模な武家屋敷はあまり見ることができない。わずかにそれと思われるものをさがすと、湯島天神《ゆしまてんじん》門前の手前側（右ページ図）と神田明神《かんだみょうじん》の裏側にそれぞれいくつかある。その位置から、湯島天神前や神田明神裏を本郷とすれば、いずれも旗本と御家人の屋敷が混在した地区である。

屋敷周囲は大名屋敷の長屋や築地塀《ついじべい》のように堅牢なものでなく、板塀による垣根風のものが施されている。屋敷内の建物は、いずれも茅葺《かやぶき》の屋根で、外壁は土壁風である。この屋敷の様子は『落穂集』の記事によく似ているので、江戸時代初期の旗本屋敷の姿を思わせる。なお、旗本屋敷で瓦葺《かわらぶき》が普及するのは享保期（一七一六〜三六）以降である。

旗本屋敷の住居整備については座敷のとり方の変化からみてゆくと、正徳二年の武井善八郎屋敷の平面の形式化から考えて、旗本中級層の住居は江戸初期から中期にかけての時期に、座敷を基調にした住居の整備が進展したものと思われる。旗本上級層の住居では、これより早く江戸初期の段階で、また、旗本下級層および御家人の小規模な住居では、中期から後期にかけての時期にそのような整備が進展したといえる。

（鈴木賢次）

# 武家の年中行事と冠婚葬祭

## ■年中行事

**人日《じんじつ》の節**
**（1月7日）**
「七種の節」「七種の祝」ともいわれ、春の七種の菜を入れた粥（かゆ）を食べて無病息災を願った。民俗行事としては「七草・七種」と称される。七種類の菜は時代や地域によりさまざまであったが、江戸時代には薺（なずな）と青菜が用いられた。

**端午《たんご》の節（5月5日）**
玄関前あるいは座敷に幟（のぼり）や鯉幟を飾り、武者人形や鐘馗（しょうき）、菖蒲刀（飾り付きの木刀）、兜などを並べ飾って、男の子が7歳になるまで毎年祝った。また柏餅や粽（ちまき）を食することも広く行われた。また、この日から単衣に衣替えした。

**重陽《ちょうよう》の節（9月9日）**
邪気を払い、長寿を願って杯に菊花を浮かべた菊酒を飲んで祝った。

**上巳《じょうし》の節（３月３日）**
古代の祓（はらい）に用いられた形代（かたしろ）の人形が雛人形として保存されるようになり、女子の無事な成長を願う行事となった。雛壇に内裏雛はじめ女子に関係ある諸道具を並べ、桃花や白酒、菓子を供えた。

**七夕《たなばた》の節（７月７日）**
五色の短冊などに詩歌を書いて笹の葉に結び付け、香を焚いて牽牛（けんぎゅう）・織女（しょくじょ）の二星を祀った。

76〜77ページの図はいずれも『徳川盛世録』所収。なお、各節の日にちは陰暦である。

# 冠婚葬祭

**結納**

結婚を約した証として、婿の方から目録書と家内喜多留・勝男武士・寿留女などを贈り、受領書を得る。

冠婚葬祭《かんこんそうさい》とは貴族や武家の一生における四つの大きな礼式で、冠は元服《げんぷく》、婚は婚礼、葬は葬儀、祭は祖先に対する祭祀《さいし》をいう。

元服は男子が初めて冠をつける儀式であり、いわゆる成人式である。将軍家や大名家では、稀に幼年で元服の式をあげる場合もあったが、一般の武家では一五歳で元服するのが普通であった。

武家の婚姻に関しては非常に厳しいきまりと礼法があった。とくに大名については『武家諸法度《ぶけしょはっと》』に「国王、城主、一万石以上ならびに近習、物頭は、ひそかに婚姻を結ぶべからざること」とあり、将軍の許可を必要としたのである。一般の武士の場合は主人の許可があればよかったが、それでも身分違いの婚姻は許されなかった。

婚姻の許可が出ると、男の側から相手方に結納を贈る。その品目は家柄や格式により異なっていたが、家内喜多留《やなぎだる》・志良賀《しらが》・勝男武士《かつおぶし》・寿留女《するめ》・小袖《こそで》・帯といったものであった。現在一般に行われている婚姻のしきたりは結納をはじめとして、武家の礼式を受けついだものがほとんどである。嫁入り道具は前もって婚家に届けられる。婚礼行装の図で見ると、先頭には婚家の奉公人に配る祝儀の銭（庭銭《にわせん》）を持った人がおり、それに調度品を納めた長持が続く。花嫁の供立行列《ともだてぎょうれつ》は婿方の身分や禄高に応じて決められたが、婿方が一万石以上で花嫁方が一万石以下の場合は、乗り物や諸道具は一万石以上の格式によると定められていた。花嫁行列が通る道筋では辻々に高張り提灯を立てて、家臣が行列の警護にあたった。

婚家では玄関の左右の燭台《しょくだい》に蝋燭《ろうそく》を立てて、花嫁が通り過ぎたあとで左の火を右に移して消すのがきまりとされた。花嫁は乗り物に乗ったまま邸内に入る。庭には松明《たいまつ》がともされ、男女による餅つきが行われた。祝言が行われる座敷では、中央に昆布を載せた三方《さんぽう》と高砂《たかさご》の島台が置かれる。花嫁が祝言の席に着くと、待上臈《まちじょうろう》が三方に勝ち栗・のし昆布などを載せた引き渡しを新郎新婦にすすめ、三三九度の杯事をとり行う。待上臈には武家の奥向《おくむき》に勤める身分の高い女中が選ばれた。三三九度が終わると、花嫁が初めて婿方の舅姑《しゅうとめ》と対面して親子の契りの杯をかわす。なお三三九度の杯のあと、花婿から花嫁に小袖が贈られ、お色直しが行われることもあった。この後、夫婦の部屋入りとなり、待女臈の介添えで固めの杯を行い、床入りとなった。

死者を送り、遺体を葬る葬儀の礼にも規定や作法があった。

供立行列における行装は、その武家のふだんの行列よりも一段上位の格式で行うことが許されていた。つまり、ふだんは御《お》徒《かち》・牽馬《ひきうま》・先道具《さきどうぐ》などを許されていない者も、御徒を立て、馬を引かせ、棺の前に槍を立てることができた。葬列の先頭には高張り提灯を立て、槍・長刀《なぎなた》・長柄傘《ながえがさ》などはすべて白布で覆った。供の侍の衣装は麻の裃《かみしも》、死者が婦人の場合は白の小袖に白帯、白布をかぶった女性が棺の脇につき添った。家臣たちは葬列の通過する道に麻の裃を着て並び、棺を見送った。　（柳川創造）

**婚礼行装**　婚礼の供揃えは婿方の禄高・身分に応じて行列が組まれた。

**元服**　初めて前髪を落とし、月代を剃ることで成人を意味した。

**婚儀**　中央に三方、高砂の島台が置いてある。

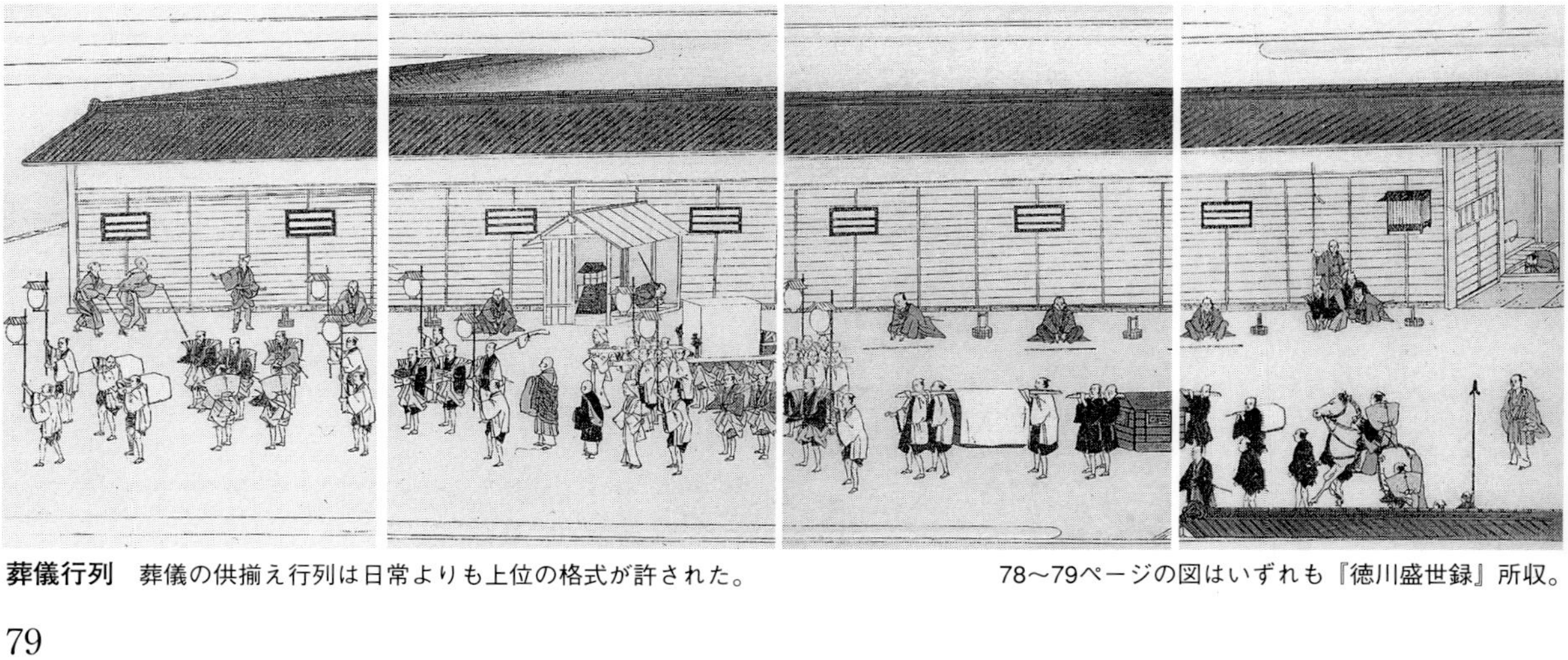

**葬儀行列**　葬儀の供揃え行列は日常よりも上位の格式が許された。

78～79ページの図はいずれも『徳川盛世録』所収。

# 三〇〇石の旗本屋敷

300 石の軍役

作画＝中西立太

●武井善八郎屋敷

屋敷図年代　正徳２年（1712）
屋敷所在地　小川町
屋敷地坪数　412 坪
建家坪数　210 坪
母屋建坪数　147 坪

考証＝鈴木賢次・作画＝板垣真誠

## 武井善八郎屋敷

家禄高・200俵
役　職・賄頭

正徳２年（1712）、武井善八郎（たけいぜんぱちろう）はこの屋敷地を建物ごと拝領した。召上げられた前の居住者は家禄高が400俵、役職は武井善八郎と同じ賄頭であった。したがって、この屋敷は家禄高300俵前後の格式のものと思われるが、敷地の規模もそれに相応している。

長屋の屋根は杮葺（こけらぶき）であり、江戸後期のように瓦葺となっていない。旗本屋敷において、瓦葺が幕府によって奨励され、普及するのは享保年間（1716～36）以降であり、この屋敷はそれ以前の様子を伝えている。

母屋の平面は居室が整然と配されて、平面構成の基本的な方法を見ることができる。表向接客空間の「玄関」「次の間」「書院」と続く居所。その奥に、中奥の主人の生活空間である「溜り」「次の間」「居間」「物置」と一列に続いた居所。また北側に、奥向の夫人の生活空間になる「次の間」「居間」「寝間」「納戸」とやはり一列に続いている居所。さらに、これら三者をつなぐ位置に配された「台所」「料理の間」等によって構成され、平面は大きく四つの部分からなっているのである。

なお余談だが、武井善八郎がこの屋敷替以前に拝領していた一橋外の屋敷は、召上げ後、幕府の儒者新井白石が拝領することになる。その屋敷地規模は633坪（約2089平方メートル）、建家規模は298坪、このとき白石の家禄高は500石であった。

（鈴木賢次）

# 講武所

講武所《こうぶしょ》は維新の大波に対処するため、安政《あんせい》元年（一八五四）十二月、築地《つきじ》に建設された幕府の武術総合練習場で、旗本《はたもと》、御家人《ごけにん》の子弟を集め、剣術、槍術《そうじゅつ》、柔術、砲術、兵学などの稽古をさせた。発案者は先手組頭《さきてくみがしら》で剣客として名高い男谷精一郎《おだにせいいちろう》であった。

安政三年、ここが軍艦操練所《ぐんかんそうれんじょ》になると、神田小川町（現在の三崎町）へ一万三〇〇〇余坪（約四・二九平方キロメートル余）の地を得て移転した。

実戦を目標にした講武所の稽古は激しく、気風も荒かったため一般の顰蹙《ひんしゅく》を買う面もあったが、時局が有為な人材を求めていた幕府にとって、ここはまさに宝石箱であった。

頭取《とうどり》男谷精一郎の下に、剣術教授方として、榊原健吉《さかきばらけんきち》、桃井春蔵《もものいしゅんぞう》、伊庭軍兵衛《いばぐんべえ》。槍術は、のちに将軍徳川慶喜《とくがわよしのぶ》に恭順を説いて水戸まで警護し、将軍奪還を狙う幕臣に「伊勢守《いせのかみ》がお守りでは」とあきらめさせた名槍術家高橋伊勢守政晃《まさみつ》（のちの泥舟《でいしゅう》）。砲術では江川太郎左衛門《えがわたろうざえもん》、高島秋帆《たかしましゅうはん》など。当時一流の武芸者を擁し、多数の有為な人材を育て上げた。大久保一翁《おおくぼいちおう》、山岡鉄舟《やまおかてっしゅう》、榎本武揚《えのもとたけあき》、大鳥圭介《おおとりけいすけ》など、ここ出身で幕末に活躍した者は多い。

（中西立太）

**山岡鉄舟**
（福井市立郷土歴史博物館蔵）
一刀正伝無刀流の創始者。勝海舟・高橋泥舟とともに幕末の三舟と称された。

**講武所の風俗**

月代（さかやき）を狭く剃った「講武所風」という髪型が当時流行した。衣服は自由で、羽織、袴の和風レキション（上着）、洋風のダンブクロ（ズボン）などさまざまであった。

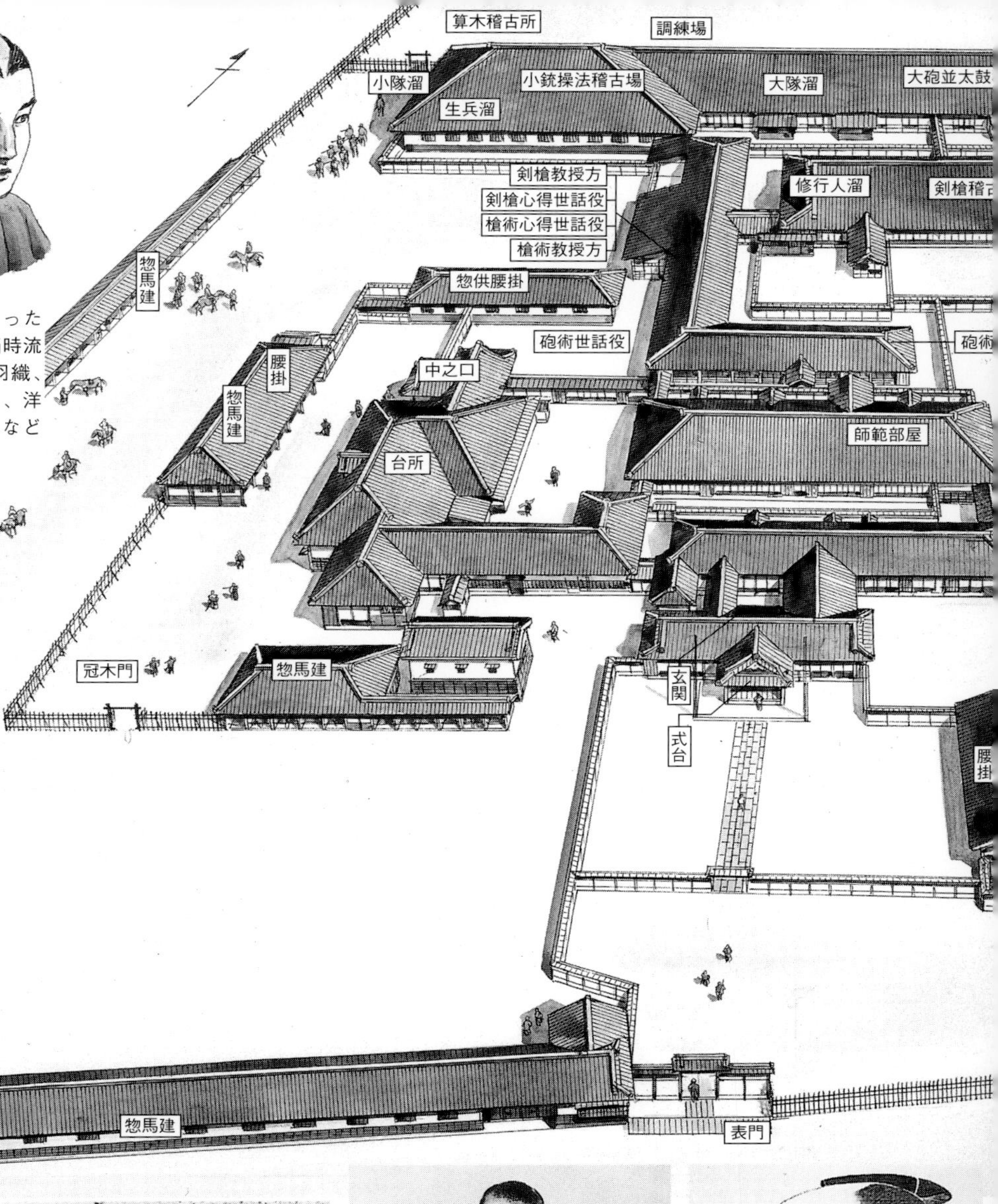


作画＝中西立太

**榎本武揚**

前列中央。蝦夷地共和国の幹部たちとともに。

**高島秋帆**

父茂紀とともに高島流砲術を確立した。

**江川太郎左衛門**（江川家蔵）

江戸で江川塾を開塾。西洋流の兵学を教授した。

# 一〇〇石以下の旗本屋敷

で、屋根は瓦葺である。敷地坪数の正確な数値は不詳だが、このあたりの組屋敷の宅地は200坪（660平方メートル）前後である。道路側の建物は家臣のための長屋ではなく、貸家にしている。この当時の山下家の家族は、山本政恒（やまもとまさつね）（28歳）・妻かん（年齢不詳）と長女（6歳）・長男（4歳）であった。母屋は、南に床を備えた8畳の居室があり、それに玄関が付設され、表向を構成する。玄関脇には上り口があり、奥へ6畳、床を備えた8畳と続き、奥向を構成する。さらに北側に6畳があり、その東側の台所とは戸棚によって隔てられていることから、ここは寝間のような使われ方がされたと考えられる。床を備えた2室のうち、南側の南庭に面した居室は表向の座敷に相当するであろう。他方は奥向の居間となる。このような小規模な御家人の住居でも、表向重視は浸透しているのである。なお、幕末の動乱後、徳川家は駿河に移るが、山本家もそれに従っている。このとき、屋敷地を建物とともに代金20円で売り渡している。

（鈴木賢次）

●山本政恒屋敷

| | |
|---|---|
| 屋敷図年代 | 慶応 4 年（1868） |
| 屋敷所在地 | 仲御徒町通り |
| 屋敷地坪数 | 200 坪前後 |
| 建家坪数 | 29坪 |
| 母屋建坪数 | 25坪（物置除く） |

考証＝鈴木賢次
作画＝板垣真誠

100 石以下の軍役

作画＝中西立太

## 山本政恒屋敷

家禄高・70俵 5 人扶持
役　職・御徒

山本家は、代々御徒の家柄であり、御家人である。屋敷地は元来が御徒組の大縄屋敷に属しており、これを山本家が拝領したのは屋敷図の年代よりもずっと遡ることになろう。建物は慶応元年（1865）に建て直したもの

# 軍役と組屋敷

100石級の武士の供揃え

200石級の武士の供揃え

### ●軍役

旗本《はたもと》の家臣は将軍からみれば陪臣《ばいしん》であり、それを多数抱えることが忠節と考えられていた。この制度として幕府は軍役を規定し、家禄高別に召し抱えなければならない家臣の人数と種類を定めている。元和《げんな》二年（一六一六）に五〇〇石より一万石までの軍役が規定され、その後、範囲は拡大され、慶安《けいあん》二年（一六四九）には二〇〇石以上から一〇万石となり、それが幕末まで続いた。

本来、これは戦時の際の配下についての規定であるが、平時における家臣の最低限ともなった。屋敷内には主人家族、家臣、場合によっては家臣の家族が集住することになる。そのため、旗本屋敷では、大名屋敷と同様、家臣団が集住していた。

### ●組屋敷

幕臣下級層の拝領屋敷《はいりょうやしき》は、職務上の同じ組に属する者がまとまって、組屋敷として宅地が与えられた。このうちには土地を一括して与えられるものがあり、大縄屋敷《おおなわやしき》ともいわれた。幕臣の下級層は御家人が多くを占めるが、それには与力《よりき》、同心《どうしん》とよばれた人たちも含まれる。組屋敷の早い例は大番組《おおばんぐみ》の組屋敷になった番町だが、大番組の番士は旗本に属した。御家人《ごけにん》の組屋敷では、番町の西北で外堀の外側にあたる四谷・市ケ谷方面においての開発が早かった。組屋敷で地名として残ったものについてみると、御徒衆《かちしゅう》が住んだ上野御徒町、牛込御徒町、鉄砲百人組の青山百人町、大久保百人町、伊賀《いが》者《もの》の四谷伊賀町、さらに駕籠《かご》の者が住んだ巣鴨御駕籠町などがある。

町奉行所の与力や同心が住んだことで有名な八丁堀は、寛永《かんえい》九年（一六三二）の「武州豊島郡江戸庄図《ぶしゅうとしまごおりえどしょうず》」では武家屋敷と寺院があってまだ組屋敷が見えないが、その後、寺院が移転して組屋敷が配された。八丁堀組屋敷は、与力の屋敷が約三〇〇坪（約九九〇平方メートル）、同心の屋敷が約一〇〇坪である。南・北町奉行

作画＝伊藤展安
御家人屋敷の奥向のようす

所にそれぞれ与力二五騎、同心一〇〇人がいたから、組屋敷の規模は三万坪を越えることになる。ただし、与力の屋敷は武家地としてとどまるが、同心の屋敷は拝領町屋敷として町人地化したものがあった。江戸城下の大名小路《だいみょうこうじ》とこの地との間には、日本橋から京橋にかけての町人地が挟まれ、武家地が町人地を保護するような都市構成になったが、逆に言えば、町人地が拡張していくのに障壁となり、そのため、町人地が武家地の中や、寺社地門前へと点在していく要因ともなった。

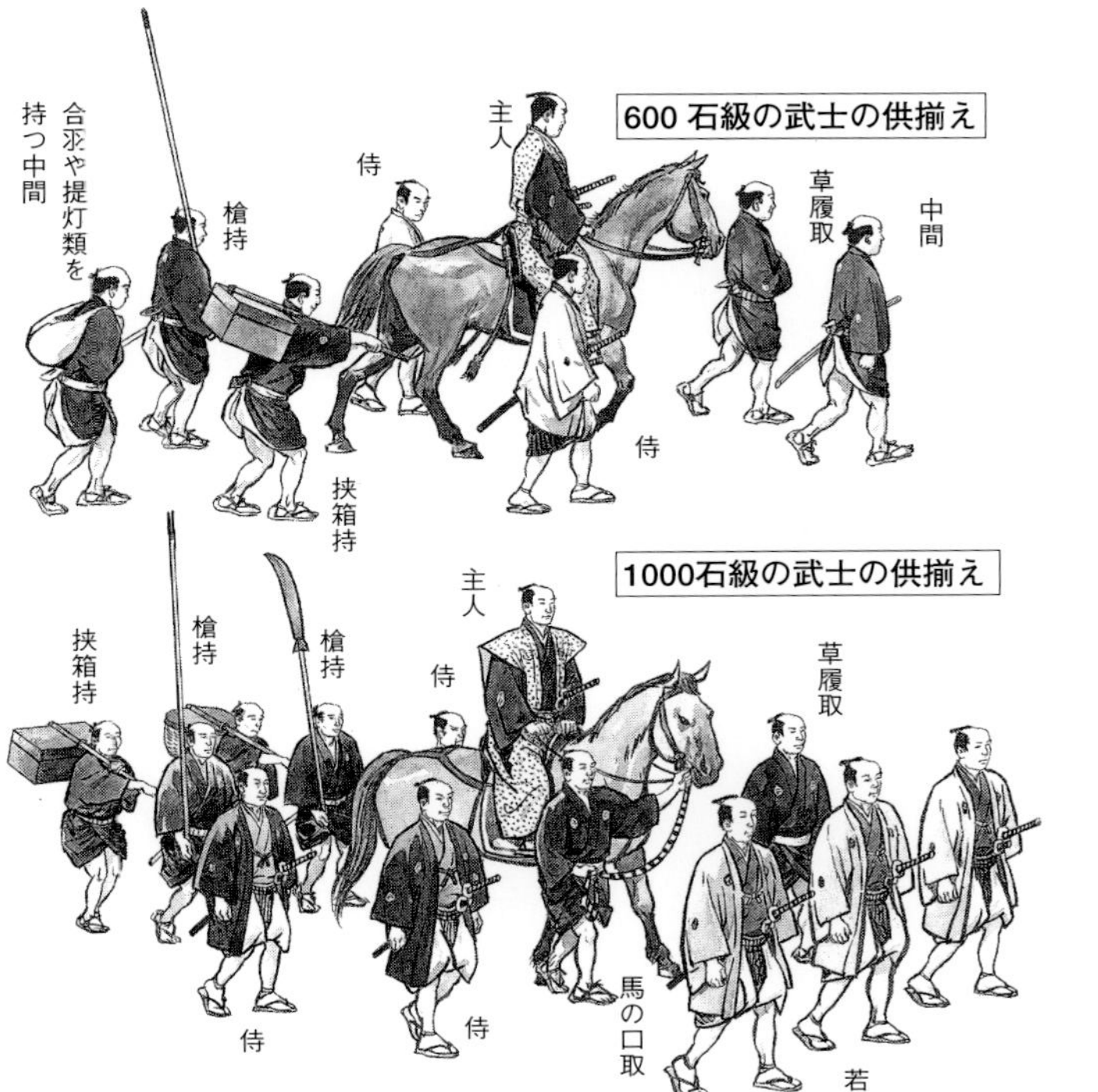

作画＝伊藤展安（右ページ上２点・左ページ上２点）

組屋敷の給賜がもっとも活発な時期は元禄《げんろく》年間（一六八八〜一七〇四）であったが、このころから組屋敷を拝領町屋敷にかえる傾向もでてくるのである。拝領町屋敷は御家人が町人に貸地したりすることで、町屋経営を行うことを幕府が認めたものである。これによって御家人が経済的な余裕を得るとともに、拡大した武家地の消費を支える商業的活動の場が確保されたのである。

組屋敷によっては総門とよばれる木戸を通らなければ、中へ入れないものがあった。道路の両側には各人の屋敷地が並び、道路や隣家との境界は板塀や生垣が設けられた。門は冠木門《かぶきもん》のような簡素な形式のもので長屋門は見られない。深川元町の組屋敷に住んだ御徒衆の場合は、

「北に二個の総門を設け一郭《いっかく》をなしていた。その門を入ると、三間（約五・四五メートル）幅ほどの道路があって、左右に御徒士の家があった。宅地は一戸につき一三〇坪ずつ賜ってその中へ自費で家屋を建築して居住していた。その家屋はたいてい玄関三畳、次が八畳と六畳、それに台所、雪隠《せっちん》である。併《しか》し裕かな者はこのほかに、一ト間二間の座敷と土蔵、湯殿等を持っていたが、これらはまず稀れで、土蔵などは、この組屋敷中で二、三人ほどしか持っている者はないようであった。であるから、まず建坪は二〇坪から三〇坪に過ぎない。（中略）随って不用の空地が幾何《いくばく》ずつあるので、中には畑にして茄子《なす》や胡瓜《きゅうり》を作って、台所の需要に供したものもあるが、また余分の地所は若干の地代を取って貸し付けたものが多かった」（『御徒士物語』・『同方会録』第七号所収）

とある。八四〜八五ページの屋敷は上野御徒町の御徒衆の例であるが、住居や貸家などはこの記録とよく似ている。

組屋敷内の宅地はこのように、いわゆる庭付戸建住宅の観を呈していたのであるが、組屋敷全体の景観も独特のものとなった。大名および旗本屋敷の周囲の長屋・築地塀《ついじべい》のような重々しい閉鎖的な景観とはだいぶ違っていた。一方では、組屋敷が拝領町屋敷になったのも多数あったわけではあるが、そこでは道路沿いに町屋が建ち並び、武家地の面影は薄れていった。

（鈴木賢次）

足軽

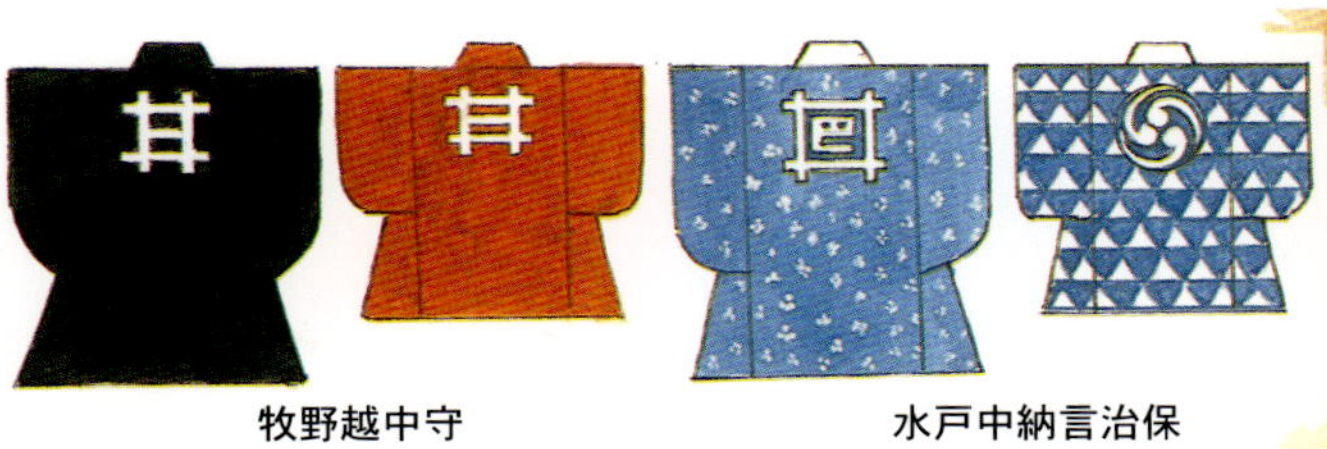

牧野越中守　　水戸中納言治保

**足軽長屋**

20石程度の家族持ちの足軽長屋を復元したもの。赤枠内が一軒分となる。長押（なげし）の回っていない粗末な壁、縁のないいわゆる野郎畳の部屋、1間（約1.8メートル）の間にかまど、流し、水桶などが並んだ台所などは、昭和30年代まで続いた日本の長屋の基本的な形式と同じであった。仕事のない時はここで、家族と内職に励むのが足軽の日常であった。

並中間　　押え足軽

作画＝中西立太

足軽（あしがる）の発生は室町時代ごろだが、徳川期になり天下が泰平になると、その役目は戦場での働きではなく、武家の下働きへと変化した。

幕府では、御目見得以下、200石以下が御家人で、このクラスが与力、同心、御徒衆までの役職につく。

若党、足軽はこの下で30石から10石程度の石高であった。御家人は各組ごとに組屋敷で生活し、組頭である与力、同心などは個人住宅で、それ以下は同じ敷地内の長屋に住んでいた。諸藩では江戸藩邸の周囲や屋敷内の長屋に住んでいたが、表に面した二階長屋には御徒が、中や裏の長屋には足軽、中間などが住んでいた。

同じ御徒、足軽でも、給与はその藩の経済状態によって幕府の半分、３分の１などというのもめずらしくはなかった。足軽にも役に上下があり、3000石以上の家には小荷駄を扱う中間や小者たちを支配する押え足軽がいた。押え足軽は5000石以上には両押えといって二人、それ以下は片押えといって一人と定めてあった。3000石以上、両番頭、大目付、三卿、家老などの押えは袴を着用し、それ以下は尻端折りであった。押えの羽織は足の甲まで届く長いものもあった。

御徒と足軽は供のとき、袴のもも立ちを高くとるが、股引ははかず、つねに空脛であったので、厳寒期などは肌の色が変わるほどであった。

門番、杖突（警備）、下座見（先触）などをする下級の足軽は法被と山袴をつけているが、足軽の法被は中間の法被とは印がやや異なっている。袴は単の木綿で濃い萌葱（もえぎ）色に三ツ山形を染め抜いてあり、俗に勝負皮の袴という。

足軽の本来の役目は戦場での歩兵であるため、鉄砲組や、長柄組では定期的な訓練もあり、武具の手入れや検査もあった。野外演習として鷹狩や馬揃え、船揃えにも参加した。

（中西立太）

# 中間と小者

江戸の町の大半を占めていた各大名や旗本の屋敷で働く最下級の奉公人が中間・小者（ちゅうげん・こもの）であった。

軍役が予想された江戸初期までは、各家とも石高に応じた足軽や中間・小者を抱えていたが、武士階級の窮乏が進むとともにその数は減り、享保期（1716～1736）ころにはそういった譜代の奉公人はみられなくなった。

足軽は最下級とはいえ武士なので幕末まで細々と残っていたが、中間・小者は口入屋を通し、期限で雇い入れる出替り奉公人となっていた。最初は経費節約のため、参勤交代で江戸に在留中は賃金を払って雇い、帰国時には解雇するという考え方から始まったこのシステムも、のちにはもっと簡略化され、特に人手のいる登城とか接待のときだけ人を雇うという形式になった。そのため、雇用期間も初期の１年とか半年から、３か月、１か月、20日、10日となり、はては１日雇いなども出現した。

そうなるとそれまでの譜代奉公人のように代々勤める訳ではないため、主人に対する忠誠心も親しみもなく、一期奉公で各家を渡り歩く者が多くなり、武家の権威をかさに横暴を働いたり、博打や盗みをする者も現れた。そのため一般庶民からは好意の目で見られることはなかった。折助（おりすけ）とか奴（やっこ）とかいう俗称には、そういった庶民の軽蔑の意味がこめられていた。

中間・小者には住込みの者と通いの者があり、住込みの者は各屋敷の足軽長屋や中間部屋に、通いの者は通勤に便利な近くの長屋に住んでいた。

本所はとくにかれらの長屋が多く、中間・小者・陸尺（ろくしゃく・駕籠かつぎの人足）・小間遣いたちの住む長屋が団地のように連なっていた。かれらの給金は天保（1830～1844）ころから慶応（1865～1868）ころまで１年で３両１人扶持（１日５合）が相場であった。給金のほかに使いの駄賃とか主人の衣服の古くなったものなどをもらうこともあったが、小遣い稼ぎのために、藁草履を作ったり盆栽を仕立てたりもした。仕事は主人の供として、槍持・草履取・挟箱持・馬の口取のほか、駕籠をかつぐ陸尺もあった。そのほか、掃除や買い物・水汲み・風呂たきなどの家内労働もした。　（中西立太）

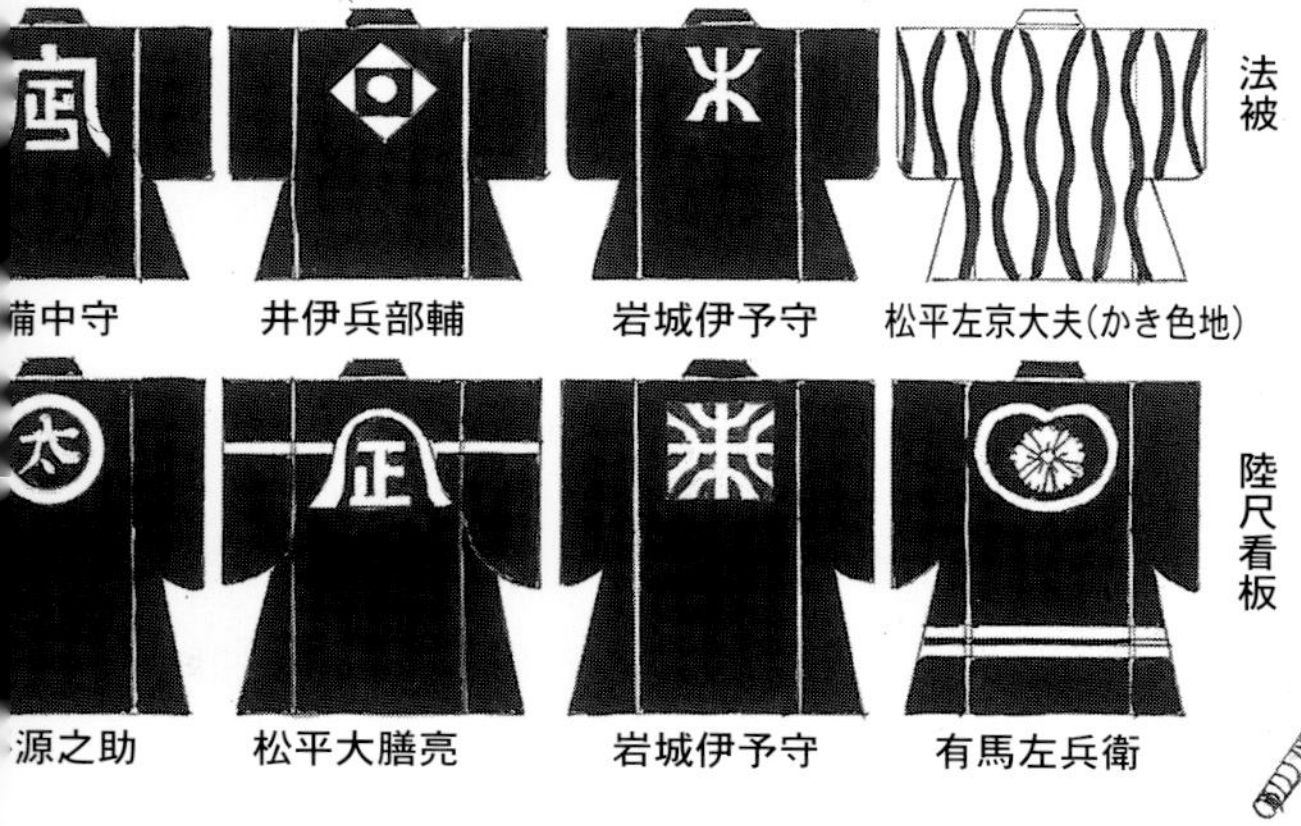


作画＝中西立太

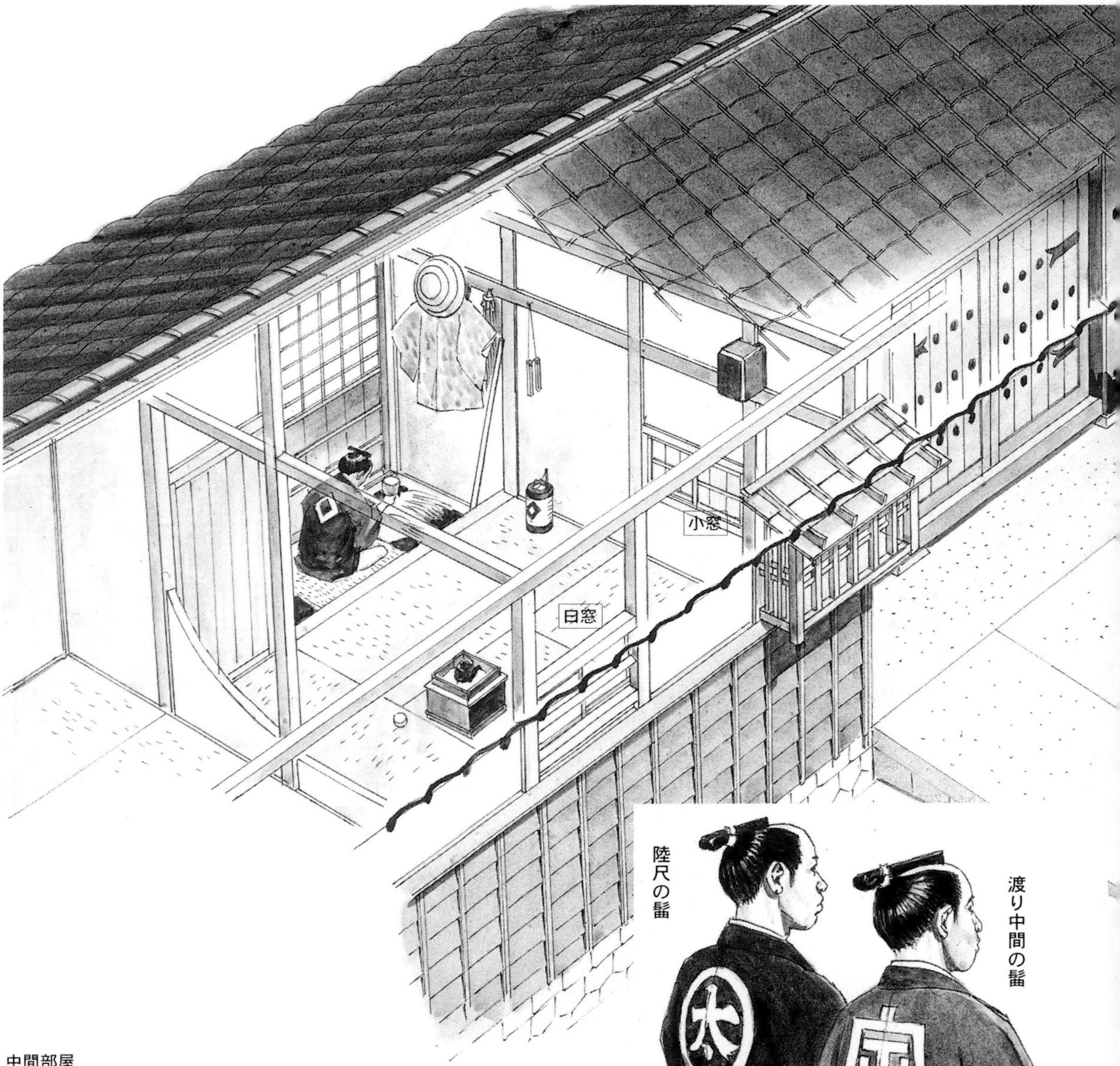

中間部屋

大大名から下級旗本まで、中間部屋の大きさはさまざまである。図は9尺×2間半（約12平方メートル）の部屋で、200～300石ぐらいの旗本の長屋門わきの門番部屋である。表の窓は訪問者を確かめる臼窓（いわくまど、形が「臼」という字に似ている）、潜門に面した小窓は夜中の人の出入りのために部屋の中から潜門（くぐりもん）の閂（かんぬき）を外すための窓である。土間には草履作りの材料を打つ台石が埋め込まれている。

食事は台所でし、便所は外便所を使う。衣服は自前の木綿物だが、供をするときは槍持・草履取・傘持は五所紋付の裾長の看板を、挟箱持・合羽籠持は紺か萌葱（もえぎ）の紋付法被を着る。そして鍔（つば）・縁頭・胴金物・鐺（こじり）に胴をはめた木刀をさす。槍持・草履取・傘持は草履（ぞうり）、ほかは草鞋（わらじ）をはく。雨天や雪のときは黒か赤の桐油引の合羽に竹の笠をつける。渡り中間の髪は髷を一直線にしたものが多く、武家雇いの陸尺はその髷（まげ）がやや短い形であった。（中西立太）

# 浅草御米蔵

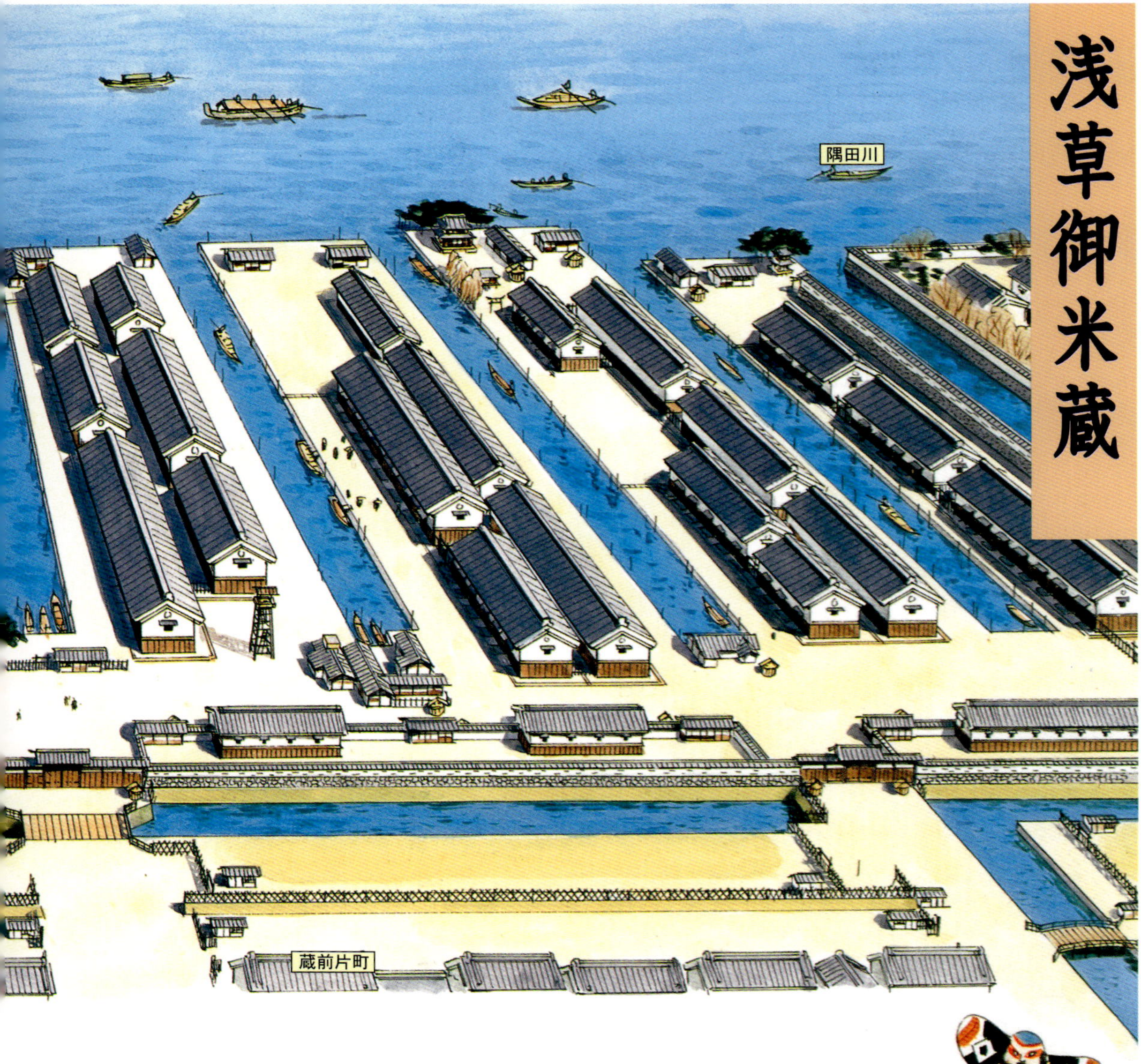

↗上、小買い物、普請方、膳米方、勘定、廻米、手形などの諸掛りが全国から運び込まれる年貢米の搬入や、払出し、切米、扶持米の支給事務などを行っていた。労役は助手代（５～27人）、門番同心（３人）、蔵番（10～34人）、小揚（300人）などが行った。

画面手前の森田町、元旅籠町などの通りの手前側がいわゆる蔵前で、大きな米問屋、札差、両替商などの商家が並んでいた。

上中下の三つの御蔵御門番所があり、川に面した側にも小さな番所が設けられていた。周囲は石垣で囲って塀を設け、堀の外にも竹矢来を組んである。この厳重な警備や、火の用心のための３つの井戸と各番所の前にある32個の上水桶に、当時の戦略物資であり、経済基盤物資であった米に対する、幕府の気配りが見えるのではないだろうか。　（中西立太）

作画＝中西立太

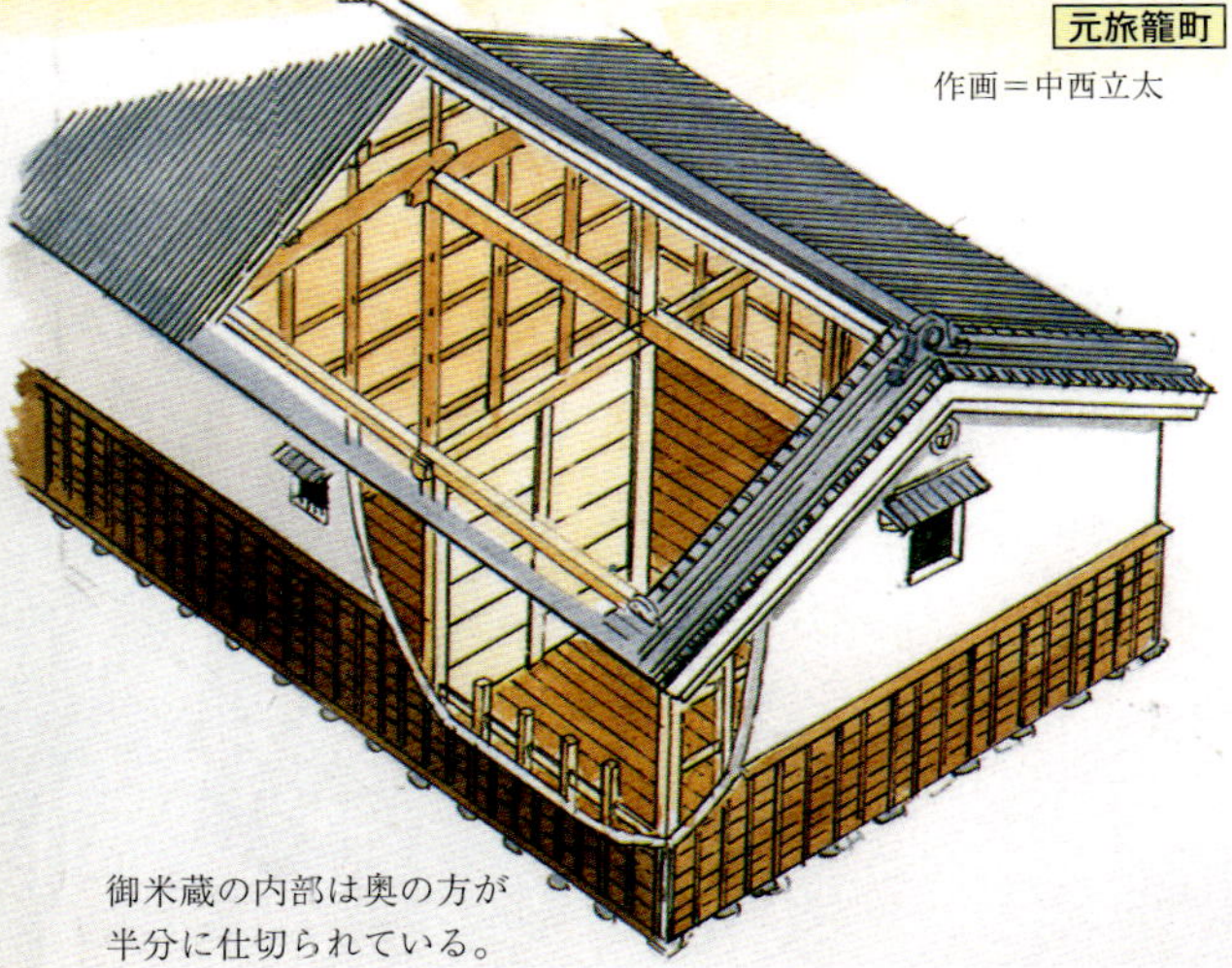

御米蔵の内部は奥の方が半分に仕切られている。

御米蔵は幕府天領や諸藩から舟運で江戸へ運び込まれる年貢米を収納した蔵で、通常は単に御蔵とよばれていた。

場所は浅草寺の東側の隅田川畔で、元和６年（1620）、旧来からここにあった鳥越丘陵を崩し、その土で隅田川西岸を埋立てて、広大な倉庫（蔵）群を造った。

画面左、隅田川上流の一番堀（63間＝約113.4メートル）から南端の八番堀（104間＝約187.2メートル）まで、８本の掘割があり、総坪数３万6648坪（約12万938平方メートル）の広さがあった。蔵は大小合わせて51棟で、なかは総数250戸に仕切られていた（原図番号は271戸だが211戸が欠番、おそらく火災などで焼失）。ここへ収納される米は年間50万石、そのうち40万石が出納されていた。

運営は、勘定奉行支配下の10人の蔵奉行が行い、手代御蔵、書↗

# 御米蔵と札差

## ●御米蔵の変遷

江戸時代全般を通じ、幕府収入の大半は米であり、幕臣への手当も米で支払われた。旗本《はたもと》の場合、知行取《ちぎょうとり》といった知行地の収入で宛てがわれた者もあったが、それは旗本・御家人《ごけにん》併せて約二万三〇〇〇人中の一割程度の者で、他は何俵何人扶持《ぶち》（一人扶持は一日玄米五合、一年で約一石八斗）というように直接米で支払われた。その米を収納し、幕臣に支給した場所が幕府御米蔵であった。

徳川家康の入府当時、江戸城は日比谷入江（現在の新橋～日比谷地帯）に面した河岸を起点として築かれ、物資の集積場として和田倉《わだくら》、次いで北の丸・代官町・大手外と徐々に拡張されていった。だが時代が経ち、江戸に幕府が開かれると、全国の天領《てんりょう》からあつまる米の一大倉庫の建設が急務とされた。

よって元和《げんな》六年（一六二〇）、江戸の三年寄（奈良屋・樽屋《たるや》・喜多村《きたむら》）の一人、二代目樽屋藤右衛門元次《とうえもんもとつぐ》の設計により、当時浅草の南にあった鳥越丘を崩して隅田川を埋め立て、三万六六四八坪の敷地を得て建造された。

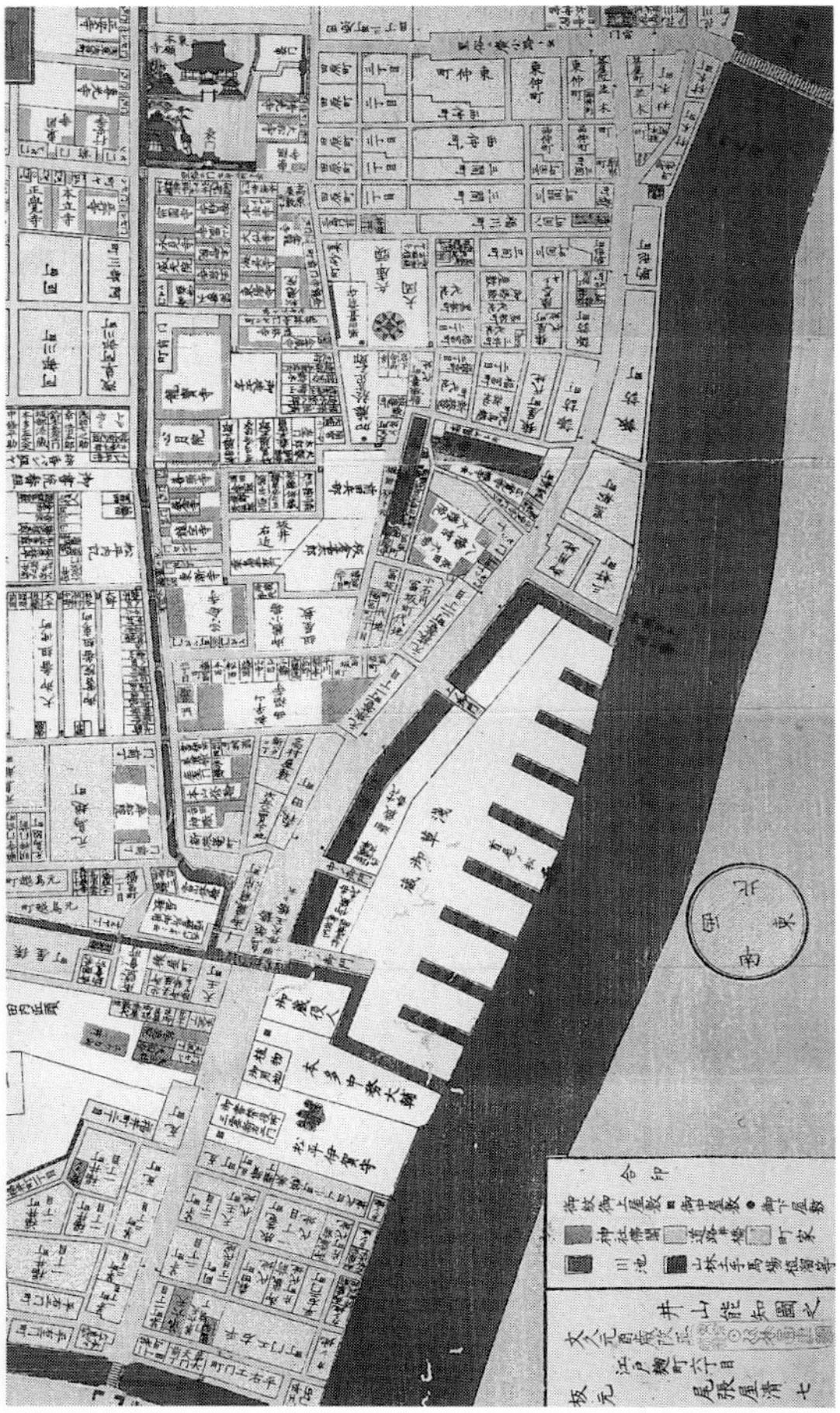

「東都浅草絵図」部分（東京都立中央図書館東京誌料文庫蔵）
文久６年（1866）。隅田川沿いに御米蔵の掘割が連なる。

平成元年三月、東京都が発行した『江戸復元図』（現況単色地図の上に江戸切絵図を重ねたもの）でみると、北は厩橋《うまやばし》の袂《たもと》から南はＪＲ総武線の軌道に至る、奥州街道の内側（川寄）一帯に及ぶ広大な土地である。

そこに隅田川から櫛の歯のように八本の掘割を作り、それぞれ水門を設けて番号を置き、北から一番堀、二番堀～八番堀と呼んだ。当初はそこに五一棟二五八戸の倉庫が建てられたが、後に六七棟三五四戸となった。

また、享保《きょうほう》十九年（一七三四）、対岸の本所にも同じような掘割をもつ一二棟八八戸の米蔵（御竹蔵）が建てられ、後に増設されて一五〇戸となった。その位置は、同じく『復元図』でみると、北は東京都慰霊堂のある横網《よこあみ》町公園から、南は総武線の軌道までで、現在の墨田区役所や両国国技館などはすっぽりと入る。

なお、幕府御米蔵は、大坂・京都（二条）・長崎・大津・駿府《すんぷ》・甲府など幕府直轄地や支配地にも設けられていた。

御米蔵跡の碑（蔵前橋西詰）

## ●蔵米取の収入と札差たち

享保七年、旗本・御家人の人数は次の通りであった。

旗本　五二〇五人
御家人　一万七三九九人

その収入の内訳は

旗本（知行高）二六四万一九〇〇石
御家人（蔵米高）五六万三四〇〇石

天保一分銀

天保小判

幕府財政の逼迫を打開するため、改鋳差益の取得を主目的として文政期・天保期には悪鋳が実施された。

天保五両判

天保通宝（当百文銭）

（貨幣博物館蔵）

右の旗本の内、約二九〇〇人が蔵米取《くらまいとり》であったというから、残り二三〇〇人の平均知行高は一〇〇〇石を越える。

逆に蔵米取は二万人を超えてその平均収入はほぼ二八石、一俵四斗と計算すると七〇俵となる。当時「百俵六人泣き暮らし」と言われた。それが七〇俵である。もちろん玄米であるから精米すれば一割程度は減る。それをみずに一俵六〇キロとして四二〇〇キロ、一〇キロ五〇〇〇円として年二一〇万円である。幾ら家賃はタダでも、泣いても涙も出まい。

だが、これで驚いてはいけない。御鉄砲百人組の四組（甲賀《こうが》・伊賀《いが》・根来《ねごろ》・二十五騎組）や、他の組屋敷に住む同心たちの収入も、おしなべて三〇俵三人扶持から一五俵二人扶持だったのである。かくてこれら蔵米取は、蔵米を換金する専門業者札差《ふださし》に泣き付き、借金を重ね、逆さに振っても鼻血も出ないくせに高利を負担させられていたのである。

## ●札差の役割と功罪

蔵米取の武士たちは、切米取《きりまいとり》は年三季、扶持米取は毎月、支給手形を竹ぐしに挟み、御蔵屋敷門前に設けられた大きなワラ束にそれを差し込んで支給順を待った。札差とは、これら武士に代わって札を差し、受け取った支給米を問屋に売り、武士から手数料を稼ぐのが本来の業務で、札差の名もそこから来ている。彼等は浅草御蔵西側の町地を占め、その数一〇九人、彼等にとって武士は大切な札旦那、武士は札差を蔵宿《くらやど》と呼んだ。だがこの相互関係が崩れ、彼等が武士相手の高利貸となるのに時間は掛らなかった。

史上悪評高い老中田沼意次《たぬまおきつぐ》は、幕府財政の建て直しを商品経済に求め、商人の運上金をもってそれにあてようとした。だが、この政策は一面に於て、役人による汚職や賄賂の横行を来たし、次期老中松平定信《まつだいらさだのぶ》の寛政《かんせい》の改革によって完膚なきまでに貶《おと》められる。

同じく、蔵米取相手に莫大な利潤を得て「十八大通」などと奢侈《しゃし》を極めていた札差たちも寛政元年（一七八九）九月、突如の借金棒引令（棄捐令《きえんれい》）によって将棋倒しとなる。

それよりほぼ五〇年――。再びかの悪夢の時代が再来し、貧に窮した武士たちは、手内職に活路を探る。青山百人町の傘、根来百人組の提灯、下谷の金魚、鷹匠町《たかしょうまち》の羽根・凧、代々木の虫籠…。

これを見かねたのが水野越前守忠邦《みずのえちぜんのかみただくに》である。彼は寛政の改革を手本とし、峻厳な天保《てんぽう》の改革を断行した。だが、時代はもはや幕府そのものの存立も危うくしていたのである。

（早川純夫）

# 大名列伝 1

## 水戸徳川家

●水戸藩
●大廊下
●御三家

徳川家康の一一男頼房《よりふさ》が慶長《けいちょう》十四年（一六〇九）幕府の奥州に対する押さえのため水戸に移《い》封《ふう》され、二五万石を領したのがはじまり。以後、一一代にわたって在封する。水戸家は代々江戸定府の家で、将軍を後見するという任にあたった。元和《げんな》八年（一六二二）二八万石に加増。二代光圀《みつくに》は、頼房の施策を引き継ぐとともに『大日本史』の編纂、社寺改革の断行、諸種の勧農策の実施などを精力的に推進し五代将軍綱吉《つなよし》を補佐して「天下の副将軍」と呼ばれた。光圀の『漫遊記』は有名であるが、領内巡視以外、諸国を歩いたことはない。三代綱条《つなえだ》の時、財政が悪化。九代斉昭《なりあき》は藤田東湖《ふじたとうこ》らを登用して藩政改革に努力したが、この改革を機に登場した軽格武士を中心とする急進派・天狗党が保守派の諸生党と対立をみせるなど、幕末期には過酷なまでの内部抗争が起きた。なお、徳川幕府最後の将軍慶喜《よしのぶ》は、この斉昭の七男である。

［歴代当主］頼房《よりふさ》—光圀《みつくに》—綱条《つなえだ》—宗堯《むねたか》—宗翰《むねもと》—治《はる》保《もり》—治紀《はるとし》—斉脩《なりのぶ》—斉昭《なりあき》—慶篤《よしあつ》—昭武《あきたけ》

水戸城（水戸徳川家）

## 紀伊徳川家

●和歌山藩
●大廊下
●御三家

徳川家康の一〇男頼宣《よりのぶ》が、駿《する》河《が》五〇万石を経て、元和五年（一六一九）、五万五〇〇〇石を加封されて紀伊へ入国。以後、一四代にわたって在封した。頼宣は土豪層を地士として支配下に組み入れるなど家臣団、藩体制を整備し「寛永《かんえい》条目」「父母状」を制定して藩制の確立につとめた反面、由井正雪《ゆいしょうせつ》の乱には幕府から謀反の嫌疑をかけられた。五代吉宗《よしむね》は、殖産興業と節倹令によって、藩財政の窮地をすくったが、享保《きょうほう》元年（一七一六）に八代将軍となり、宗直《むねなお》が六代藩主を継いだ。また、安政《あんせい》五年（一八五八）には一三代藩主慶福《よしとみ》が一四代将軍家茂《いえもち》となった。家茂の室は孝明《こうめい》天皇の妹和宮《かずのみや》である。最後の藩主茂承《もちつぐ》は幕府長州再征軍の総督にかつぎだされ、いたるところで敗北。苦しい藩財政は窮地に陥ったが、登用した津田出《つだいづる》の藩政改革によって危機を脱した。

［歴代当主］頼宣《よりのぶ》—光貞《みつさだ》—綱教《つなのり》—頼職《よりもと》—吉宗《よしむね》（八代将軍）—宗直《むねなお》—宗将《むねまさ》—重倫《しげのり》—治貞《はるさだ》—治宝《はるとみ》—斉順《なりより》—斉彊《なりかつ》—慶福《よしとみ》（将軍家茂《いえもち》）—茂承《もちつぐ》

和歌山城（紀伊徳川家）

## 尾張徳川家

●名古屋藩
●大廊下
●御三家

徳川家康の九男義直《よしなお》が、慶長十二年（一六〇七）交通の要衝であり、西国への防ぎからも重要な尾張清州《おわりきよす》四二万石の主となった。のち、名古屋へ移り、六二万石を領して、以後、一七代にわたって在封。七代宗春《むねはる》は将軍吉宗の緊縮財政に逆らうかのように、放漫な財政策をとり、城下町名古屋を空前の繁栄に導いたが、将軍家から隠居を命じられた。幕末、一四代慶勝《よしかつ》は親藩であるにもかかわらず、長州再征にあたって出兵を拒否し、幕府不信を表明、朝廷側に与した。元治《げんじ》元年（一八六四）、幕命を拒めずに長州征討総督の任を担った慶勝は和議の締結に当たってはっきりと幕府と対立。慶応《けいおう》四年（一八六八）、一挙に佐幕派の重臣一四名を斬に処し、倒幕に踏みきった。世にいう青松葉事件である。明治三年、慶勝は再相続して知藩事となる。

［歴代当主］義直《よしなお》—光友《みつとも》—綱誠《つななり》—吉通《よしみち》—五郎太《ごろうた》—継友《つぐとも》—宗春《むねはる》—宗勝《むねかつ》—宗睦《むねちか》—斉朝《なりとも》—斉温《なりはる》—斉荘《なりたか》—慶臧《よしつぐ》—慶勝《よしかつ》—茂徳《もちなが》—義宜《よしのり》—慶勝《よしかつ》（再封）

# 井伊家

●彦根藩
●溜の間
●譜代

祖先は遠江国《とおとうみのくに》引佐《いなさ》郡井伊谷《いいのや》に住したことから井伊《いい》氏を名乗った。はじめ今川《いまがわ》氏に仕えたが、二四世直政《なおまさ》が徳川家康に見い出され、関ケ原の戦いの功により、近江佐和山《おうみさわやま》一八万石の城主となった。その子直継《なおつぐ》が、新城を彦根《ひこね》山に築き、慶長十一年（一六〇六）、新城に移った。ところが、直継は病弱を理由に上野安中《こうずけあんなか》三万石を分与され移封、彦根「二代」藩主の履歴を抹消され、かわって二代藩主に弟直孝《なおたか》が就いた。直孝は、将軍家康・秀忠《ひでただ》・家光《いえみつ》・家綱《いえつな》の四代を補佐し、数度にわたって加増を受けて三五万石の格式となる。以後、幕府の執権・大老の職に就く者七代に及び、幕政に参与した。幕命必謹を藩旨としたが、幕末、大老に就いた直弼《なおすけ》は勅許を得ることなく、列強と通商条約を結び、安政の大獄を断行し暗殺され、一〇万石減知され、明治を迎えた。

[歴代当主] 直政《なおまさ》—直孝《なおたか》—直澄《なおずみ》—直興《なおおき》—直通《なおみち》—直《なお》恒《つね》—直治《なおはる》（直興再封）—直惟《なおのぶ》—直定《なおさだ》—直禔《なおよし》—直《なお》定《さだ》（再封）—直幸《なおひで》—直中《なおなか》—直亮《なおあき》—直弼《なおすけ》—直憲《なおのり》

名古屋城（尾張徳川家）

# 大久保家

●小田原藩
●帝鑑の間
●譜代

下野宇都宮《しもつけうつのみや》氏の一族といわれているが、三河《みかわ》に移り、代々松平《まつだいら》氏に仕え、忠茂《ただしげ》に至ってはじめて大久保《おおくぼ》氏を称したという。天正《てんしょう》十八年（一五九〇）、その孫忠世《ただよ》は、徳川家康の関東入国に従い、後北条《ごほうじょう》氏の居城であった相模《さがみ》小田原城に封じられ、四万五〇〇〇石を領有した。忠世の死後、武蔵羽生《むさしはにゅう》三万石を領していた子忠隣《ただちか》が遺領を継ぎ六万五〇〇〇石で入封した。忠隣は、徳川秀忠に付き老中を務めたが、同じ老中の本《ほん》多《だ》正信《まさのぶ》との対立が激化し、大久保長安《ながやす》事件に連座し改易、近江に配流された。しかし、孫の忠《ただ》職《もと》に武蔵騎西《きさい》二万石を与えられ、断絶をまぬがれた。その後、大久保家は、美濃加納《みのかのう》、播磨明《はりまあか》石《し》、肥前唐津《ひぜんからつ》、下総佐倉《しもうささくら》を経て貞享《じょうきょう》三年（一六八六）、忠職の子忠朝《ただとも》が一〇万三〇〇〇石で再び小田原に封じられ、明治に至っている。この間、忠朝、忠真《ただざね》が老中職を努めている。

[歴代当主] 忠世《ただよ》—忠隣《ただちか》—忠常《ただつね》—忠職《ただもと》—忠朝《ただとも》—忠《ただ》増《まさ》—忠方《ただまさ》—忠興《ただおき》—忠由《ただよし》—忠顕《ただあき》—忠真《ただざね》—忠愨《ただなお》—忠《ただ》礼《のり》—忠良《ただよし》

彦根城（井伊家）

# 酒井家

●姫路藩
●溜の間
●譜代

酒井《さかい》氏の出自は、三河国碧海《へきかい》郡酒井村、または、同幡豆《はず》郡の酒井村から興ったといわれるが、明らかではない。松平氏と古くから深い関係にあり、代々譜代の重臣であった。広親《ひろちか》の長男氏忠《うじただ》（親忠《ちかただ》）を祖とする左衛門尉《さえもんのじょう》流酒井氏と、二男家忠《いえただ》を祖とする雅楽助《うたのすけ》流酒井氏の二流があり、姫路一五万石の酒井氏は後者である。家康の関東入国に伴い、三河譜代の家臣で雅楽助流酒井重忠《しげただ》が、相模甘縄《あまなわ》を経て、武蔵川越に封ぜられ、関ケ原の戦いの功で上野厩橋《うまやばし》に転封となった。重忠のあと九代在封し、寛延《かんえん》二年（一七四九）、播磨姫路一五万石へ移封となった。姫路藩主となった忠恭《ただずみ》は老中職にあって、幕閣の重要人物であった。その後五代忠学《ただのり》は、将軍家斉《いえなり》の息女喜代姫を嫡室に迎えている。八代忠績《ただしげ》は、大老職に補せられ幕末の政局にあたり、九代忠惇《ただとう》も老中首座として将軍慶喜と行動をともにした。

[歴代当主] 重忠《しげただ》　忠世《ただよ》—忠行《ただゆき》—忠清《ただきよ》—忠挙《ただたか》—忠《ただ》相《み》—親愛《ちかよし》—親本《ちかもと》—忠恭《ただずみ》—忠以《ただざね》—忠道《ただひろ》—忠実《ただみつ》—忠《ただ》学《のり》—忠宝《ただとみ》—忠顕《ただてる》—忠績《ただしげ》—忠惇《ただとう》—忠邦《ただくに》

## 榊原家

●高田藩
●溜の間
●譜代

伊勢国一志《いせのくにいちし》郡榊原《さかきばら》村に住み、榊原を称したことに始まるとされる。その後三河に移り、松平氏に仕えた。徳川家康に仕え、軍功をあげた。徳川四天王の一人榊原康政《やすまさ》は、家康の関東入国に従い、上野館林一〇万石を賜り、孫忠次《ただつぐ》の時、陸奥《むつ》白河に移封となった。このあと、忠次は播磨姫路に転じ、政房《まさふさ》・政倫《まさとも》と在封したが、さらに越後村上へ移り、政倫の子政邦《まさくに》のときに、再び姫路へ転封となった。政邦のあと、政祐《まさすけ》・政岑《まさみね》と在封するが、政岑の大名にあるまじき不行跡が将軍吉宗の怒りを買い隠居謹慎を命ぜられ、取り潰しになるところを政永《まさなが》に家督を与えられ、寛保《かんぽう》元年（一七四一）越後高田一五万石に移封となった。政永のあと、政敦《まさあつ》・政令《まさみね》・政《まさ》養《きよ》・政愛《まさちか》・政敬《まさたか》と六代にわたり在封し、明治維新を迎えている。

［歴代当主］康政《やすまさ》—康勝《やすかつ》—忠次《ただつぐ》—政房《まさふさ》—政倫《まさとも》—政邦《まさくに》—政祐《まさすけ》—政岑《まさみね》—政永《まさなが》—政敦《まさあつ》—政令《まさのり》—政養《まさきよ》—政愛《まさちか》—政敬《まさたか》

高田城（榊原家）

## 土井家

●古河藩
●雁の間
●譜代

天正三年（一五七五）、土井利昌《どいとしまさ》の養子に入った利勝《としかつ》は、水野信元《みずののぶもと》の子とも徳川家康の子ともいわれているが明らかではない。利昌以前の出自は不明だが、利勝は、慶長七年（一六〇一）、下総小見川一万石に入封、下総佐倉に転じて老中となり、さらに下総古河《こが》に移封となって一六万石を喰むに至る。土井氏は、古河の地で、利勝のあと、利隆《としたか》・利重《とししげ》・利久《としひさ》と在封するが、利久がわずか一〇歳で亡くなり、無嗣絶家となるところを、養子利益《とします》に、志摩鳥羽《しまとば》七万石を与えられてお家断絶を免れた。しかし、利益は、鳥羽からさらに肥前唐津に転封し、利益・利実《としざね》・利延《としのぶ》・利里《としさと》と四代続き、宝暦《ほうれき》十二年（一七六二）、利里は、旧領の下総古河七万石に復し、以後、七年にわたって在封し、明治維新を迎えている。この間、利厚《としあつ》・利位《としつら》と二代にわたって老中を勤めている。

［歴代当主］利勝《としかつ》—利隆《としたか》—利重《としじげ》—利久《としひさ》—利益《とします》—利《とし》実《ざね》—利延《としのぶ》—利里《としさと》—利見《としあきら》—利厚《としあつ》—利位《としつら》—利亨《としなお》—利《とし》則《のり》—利与《としとも》

## 本多家

●岡崎藩
●溜の間
●譜代

家康の四天王の一人、本多忠勝《ただかつ》は、家康の関東入国にともなって上総大多喜《かずさおおたき》一〇万石を領し、関ケ原の戦い後、伊勢桑名一五万石を与えられた。二代忠政《ただまさ》の時、播磨姫路へ移り嫡子忠刻《ただとき》の室に千姫を迎えたが、若くして死に、弟の政朝《まさとも》が家督を継いだ。以来、大和郡山《こおりやま》、陸奥福島、姫路、越後村上、三河刈谷、下総古河、石見浜田へとたびたび転封を命ぜられ、七代忠孝《ただたか》に嗣子がなかったため、五万石に減知された。一一代忠粛《ただとし》が岡崎に入封し、以後六代約一〇〇年にわたってここを領する。忠顕《ただあき》の代、寛政《かんせい》年間に財政改革が行われ、窮乏した藩財政の再建がはかられた。最後の名君といわれた忠民《ただとも》は財政改革を行うとともに、洋式軍制改革に着手、また天保《てんぽう》期の三河最大の加茂一揆の鎮撫などに活躍。最後の藩主忠直は「尾張勤王誘引掛《きんのうゆういんがかり》」の指示に従い、駿府警固についた。

［歴代当主］忠勝《ただかつ》—忠政《ただまさ》—政朝《まさとも》—政勝《まさかつ》—政長《まさなが》—忠《ただ》国《くに》—忠孝《ただたか》—忠良《ただよし》—忠敞《ただひろ》—忠盈《ただみつ》—忠粛《ただとし》—忠典《ただつね》—忠《ただ》顕《あき》—忠考《ただなか》—忠民《ただもと》—忠直《ただなお》

姫路城（酒井家）

## 保科松平家

●会津藩
●溜の間
●親藩

二代将軍秀忠の三男で、庶子のため信濃高遠《たかとお》藩主保科正光《ほしなまさみつ》の養子となっていた正之《まさゆき》が、出羽《でわ》山形藩主をへて、寛永二十年（一六四三）会津に入封、二三万石を領した。以後九代にわたって在封。正之は、四代将軍家綱を補佐し、宗家への忠誠心を家訓として遺した。三代正容《まさかた》のとき将軍の命令で松平姓に改める。元禄期以後藩財政は困窮し、享保の凶作で農村も窮乏。とくに寛延二年（一七四九）には領内農民の年貢減免と役人引き渡し等の要求で大一揆が起こった。幕末の藩主容保《かたもり》は、一四代将軍家茂の信任厚く、攘夷騒ぎに加熱する京都へ守護職としての赴任の命が下った。鳥羽・伏見戦後、江戸に帰り、会津戦争では佐幕派の奥羽越列藩同盟の中心となり、討幕軍と抗戦、敗れて降伏。明治五年、赦免され、のち、東照宮宮司《とうしょうぐうぐうじ》となる。

［歴代当主］正之《まさゆき》—正経《まさつね》—（松平）正容《まさかた》—容貞《かたさだ》—容頌《かたのぶ》—容住《かたおき》—容衆《かたひろ》—容敬《かたたか》—容保《かたもり》

会津若松城（保科松平家）

岡崎城（本多家）

## 越前松平家

●福井藩
●大廊下
●親藩

徳川家康の次男で下総の結城晴朝《ゆうきはるとも》の養子となった秀康《ひでやす》は、慶長六年（一六〇一）越前北ノ庄に入府、六七万石を領し、同九年本姓松平に復した。以後一七代にわたり、在封。二代忠直《ただなお》は大坂の陣に活躍したが軍功賞美の沙汰がなかったため、乱行にはしり豊後《ぶんご》に配流となった。三代忠昌《ただまさ》のとき北ノ庄を福井と改称。四代光通《みつみち》は善政を行い藩政が整ったが、晩年弟昌親《まさちか》を養子にする旨の遺書を残して自害した。六代綱昌《つなまさ》のとき除封となったが昌親に二五万石が与えられ、昌親は再封して吉品《よしのり》と名のった。幕末、田安家から入り英明をうたわれた一六代慶永《よしなが》（春嶽《しゅんがく》）は、橋本左内《はしもとさない》らを側近に置き、大政奉還・王政復古にあたって公議政体派の中心人物として活躍。新政府成立とともに議定となり、内国事務総督・民部卿・大蔵卿などを歴任した。

［歴代当主］秀康《ひでやす》—忠直《ただなお》—忠昌《ただまさ》—光通《みつみち》—昌親《まさちか》—綱昌《つなまさ》—吉品《よしのり》（昌親）—吉邦《よしくに》—宗昌《むねまさ》—宗矩《むねのり》—重昌《しげまさ》—重富《しげとみ》—治好《はるよし》—斉承《なりつぐ》—斉善《なりさわ》—慶永《よしなが》—茂昭《しげあき》

## 前田家

●金沢藩
●大廊下
●外様

前田氏は、美濃国安八《あんぱち》郡前田村の土豪出身で、藩祖利家《としいえ》の父利春《としはる》（利昌）のころ、尾張海東郡荒子に住し、二〇〇〇貫を領していた。利家は利春の四男に生まれ、織田信長《おだのぶなが》に仕えて軍功をたて、永禄《えいろく》十二年（一五六九）に家督を継ぎ、北陸の信長勢力の最前線として越前府中を領した。天正九年（一五八一）には能登《のと》四郡を与えられ、七尾を居城とした。その後は秀吉麾下の大名として勢力をのばし、金沢に移る。二代利長《としなが》は父利家同様、五大老に列せられ、関ケ原の戦いには東軍に属し、加賀《かが》・越前・能登三国一二〇万石余の大大名となった。三代利常《としつね》は、嫡男光高《みつたか》に家督を譲るにあたり、次男利次《としつぐ》に越中富山一〇万石、三男利治《としはる》に加賀大聖寺《だいしょうじ》七万石をそれぞれ分封し、支藩とし、宗藩は一〇二万石を領し、明治に至っている。幕末維新には、一〇〇万石の大藩にもかかわらず、時勢に乗れず、新政府の主流となれなかった。

［歴代当主］利家《としいえ》—利長《としなが》—利常《としつね》—光高《みつたか》—綱紀《つなのり》—吉徳《よしのり》—宗辰《むねとき》—重熙《しげひろ》—重靖《しげのぶ》—重教《しげみち》—治脩《はるなか》—斉広《なりなが》—斉泰《なりやす》—慶寧《よしやす》

金沢城（前田家）

# 大名列伝2

## 伊達家

●仙台藩
●大広間
●外様

鎌倉以来の豪族伊達《だて》家は、一四代稙宗《たねむね》が奥州探題職を授けられ版図を拡大していった。その後、出羽《でわ》米沢《よねざわ》を本拠に、独眼竜正宗《どくがんりゅうまさむね》の登場により会津《あいづ》十余郡、仙道七道を征服し、東北随一の大名にのし上がっていったが、天正《てんしょう》十八年（一五九〇）、豊臣秀吉に帰順し、会津の地を没収された。しかし、関ケ原の戦いには、徳川方に属し、仙台藩六二万石の基礎を築いた。政宗は支倉常長《はせくらつねなが》をローマに派遣し海外貿易の道を開こうとした。また、仙台に桃山文化を移植するなど文化の興隆にも積極的であった。三代綱宗《つなむね》のとき、御家騒動で有名な伊達騒動が起こった。幕末の政局に際しては、藩主慶邦《よしくに》は、奥羽越列藩同盟に参加、その盟主として戊辰戦争を戦い、降伏し、領地没収・謹慎を命ぜられたが、子宗基《むねもと》に六二万石から二八万石に減封のうえで家名相続が許された。

[歴代当主] 政宗《まさむね》―忠宗《ただむね》―綱宗《つなむね》―綱村《つなむら》―吉村《よしむら》―宗村《むねむら》―重村《しげむら》―斉村《なりむら》―周宗《ちかむね》―斉宗《なりむね》―斉義《なりよし》―斉邦《なりくに》―慶邦《よしくに》―宗基《むねもと》―宗敦《むねあつ》

仙台城（伊達家）

## 黒田家

●福岡藩
●大広間
●外様

黒田孝高《よしたか》（如水《じょすい》）の子長政《ながまさ》が、慶長《けいちょう》五年（一六〇〇）の関ケ原の戦いの戦功により筑前《ちくぜん》福岡五二万石を領したのに始まる。以後、一二代二七〇年あまりにわたって在封。二代忠之《ただゆき》のとき、藩の重臣栗山大善《くりやまだいぜん》が主君忠之に謀反の疑いありとして幕府へ上訴した、いわゆる「黒田騒動」が起こった。また島原の乱では、鎮圧軍をさしむけて著しく財政が悪化。六代継高《つぐたか》のとき、享保《きょうほう》の大飢饉《ききん》にみまわれ領内人口の三分の一が死亡した。この体験から除米制度が設けられ、天明の飢饉を救っている。薩摩の島津重豪《しまづしげひで》の九男に生まれ黒田家の一一代藩主となった長溥《ながひろ》は、医学所・賛生館を設立。慶応《けいおう》元年（一八六五）三条実美《さんじょうさねとみ》ら五卿の太宰府遷座があり、藩内勤王・佐幕両派の抗争が激化し、勤王激派粛正弾圧事件へと発展、藩内勤王派は壊滅の状態で明治維新を迎えた。

[歴代当主] 長政《ながまさ》―忠之《ただゆき》―光之《みつゆき》―綱政《つなまさ》―宣政《のぶまさ》―継《つぐ》高《たか》―治之《はるゆき》―治高《はるたか》―斉隆《なりたか》―斉清《なりきよ》―長溥《ながひろ》―長知《ながとも》

福岡城（黒田家）

## 島津家

●薩摩藩
●大広間
●外様

鎌倉時代以来、南九州の名族島津氏は、戦国時代、貴久《たかひさ》が、薩摩・大隅《おおすみ》・日向《ひゅうが》三国を統一し、九州第一の戦国大名に成長した。天正十五年（一五八七）、豊臣秀吉の九州征討を受けて降伏したが、旧領を安堵された。関ケ原の戦いには、義久の後を継いだ弟義弘《よしひろ》は、西軍に属したが、

鹿児島城（島津家）

三男家久《いえひさ》は旧領を失うことなく、以来、一度の国替もなく、薩摩藩七七万石の大藩を治めた。島津氏は家久のあと、光久《みつひさ》・綱貴《つなたか》・吉貴《よしたか》・継《つぐ》豊《とよ》・宗信《むねのぶ》・重年《しげとし》と在封し、八代重豪《しげひで》の時代になると、財政が悪化し、一〇代斉興《なりおき》のとき、調所《ずしょ》広郷《ひろさと》に財政改革を命じ、成果をあげた。一一代斉彬《なりあきら》のとき、「お由羅騒動」が起こり藩政は動揺したが、斉彬は、殖産興業を推進し、集成館を設立している。最後の藩主忠義《ただよし》の父久光は、藩政の実権をにぎり、公武合体を唱えたが、のち倒幕に転換し薩長同盟を結び、維新への主導的立場を担《にな》った。

［歴代当主］家久《いえひさ》—光久《みつひさ》—綱貴《つなたか》—吉貴《よしたか》—継豊《つぐとよ》—宗《むね》信《のぶ》—重年《しげとし》—重豪《しげひで》—斉宣《なりのぶ》—斉興《なりおき》—斉彬《なりあきら》—忠義《ただよし》

萩城（毛利家）

## 毛利家

●萩藩
●大広間
●外様

毛利家は、相模国愛甲《さがみのくにあいこう》郡毛利荘を領していたことから毛利氏を名乗ったといわれる。戦国時代、元就《もとなり》のとき、安芸国《あきのくに》吉田荘を本拠に勢力をのばし、安芸国を領有、周防《すおう》の大内義隆《おおうちよしたか》が家臣陶晴賢《すえはるかた》に打たれ滅亡すると、元就は、厳島の戦いで晴賢を破り、周防・長門を領有、そして出雲の尼子経久《あまこつねひさ》を下し、中国地方の大部分を支配する大大名となった。元就の孫輝元《てるもと》は、豊臣秀吉に属し、関ケ原の戦いでは豊臣方の総大将となったが、戦後、子の秀就《ひでなり》が周防・長門二国三六万九〇〇〇石に削封され、萩を居城とした。以来、毛利氏は、秀就のあと、一度の国替もなく、一四代にわたり在封する。この間、五代藩主吉元《よしもと》は藩校明倫館の開設『萩藩閥閲録』の編纂など文教に力をいれ、七代重就《しげなり》は財政改革を軌道に乗せ、「そうせい候」といわれた一三代敬《たか》親《ちか》は、村田清風《むらたせいふう》を登用し、天保《てんぽう》の改革を行い、幕末雄藩として飛躍するもとを築いていった。

［歴代当主］秀就《ひでなり》—綱広《つなひろ》—吉就《よしなり》—吉広《よしひろ》—吉元《よしもと》—宗《むね》広《ひろ》—重就《しげなり》—治親《はるちか》—斉房《なりふさ》—斉熙《なりひろ》—斉元《なりもと》—斉広《なりひろ》—敬《たか》親《ちか》—元徳《もとのり》

広島城（浅野家）

## 浅野家

●広島藩
●大広間
●外様

豊臣五奉行の一人、浅野長政《あさのながまさ》の子幸長《よしなが》は、慶長五年（一六〇〇）の関ケ原の戦いで徳川方につき、戦後、功により和歌山城主となった。幸長の没後は弟の長晟《ながあきら》が継ぎ、元和《げんな》五年（一六一九）、福島正則《ふくしままさのり》が改易となった跡を受けて広島城主となり、安芸一国および備後《びんご》半国四二万六〇〇〇石を領有した。以後一二代、二五〇年にわたり在封。初代長晟は、領国支配の基本方針を示した「郡中法度」を布達。二代光晟《みつあきら》は、二度にわたって領内総検地を断行し、藩政の基礎を築いた。海運の便に恵まれ、木材・鉄・紙など藩専売制を実施し巨利を得ていた広島藩であったが、中期以後、財政も悪化しはじめ、五代吉《よし》長《なが》は財政建て直しのため郡制改革を断行したが失敗。幕末、一二代長勲《ながこと》は薩長両藩の討幕挙兵策にも加わり、三藩の連携につとめた。なお、赤穂義士で有名な赤穂浅野氏は、長政の三男長《なが》重《しげ》を祖としている。

［歴代当主］長晟《ながあきら》—光晟《みつあきら》—綱晟《つなあきら》—綱長《つななが》—吉長《よしなが》—宗恒《むねつね》—重晟《しげあきら》—斉賢《なりかた》—斉粛《なりたか》—慶熾《よしてる》—長訓《ながみち》—長勲《ながこと》

## 備前池田家

●岡山藩
●大広間
●外様

池田家の出自は諸説あり判然としないが、恒《つね》利《とし》が織田信秀《のぶひで》に仕え、その妻養徳院《ようとくいん》が信秀の子信長の乳母になっている。信長と乳兄弟の恒利の子恒興《つねおき》は摂津《せっつ》を与えられ、賤《しず》ガ岳《たけ》の合戦後は、秀吉から美濃大垣《みのおおがき》城を与えられた。その後、次男の輝政《てるまさ》が家督を継ぎ、関ガ原の戦いでは東軍に属し、播磨国《はりまのくに》五二万石の大名となり、姫路城を築いた。輝政の死後、家督を継いだ長男利隆《としたか》には遺領全部の相続は許されず四二万石が与えられ、一〇万石は備前岡山藩主の二男忠継《ただつぐ》の所領に加えられた。利隆が急逝すると、嗣子《しし》光政《みつまさ》は幼少のため因幡《いなば》鳥取へ転封となる。ところが、備前岡山の忠継の遺領を継いだ忠雄《ただかつ》が死に、嗣子光仲《みつなか》が幼少だったため、鳥取の光政と国替を命ぜられ、以後、岡山は光政系池田氏が、光政のあと、一〇代二四〇年にわたり在封、明治に至った。

［歴代当主］輝政《てるまさ》―利隆《としたか》―光政《みつまさ》―綱政《つなまさ》―継政《つぐまさ》―宗《むね》政《まさ》―治政《はるまさ》―斉政《なりまさ》―斉敏《なりとし》―慶政《よしまさ》―茂政《しげまさ》―章政《あきまさ》

岡山城（備前池田家）

## 上杉家

●米沢藩
●大広間
●外様

永禄《えいろく》四年（一五六一）、関東管領上杉憲政《うえすぎのりまさ》から管領職と上杉姓を譲られた長尾景虎《ながおかげとら》（謙信）は越後春日山《えちごかすがやま》を本拠として北陸に覇をとなえていたが、養子景勝《かげかつ》のとき、秀吉により会津一二〇万石に転封となり、秀吉麾下の五大老の一人として重きをなした。しかし、関ケ原の戦いで西軍に属したため、出羽《でわ》米沢三〇万石に削封移封された。以後、上杉氏は一度の国替もなく、景勝のあと、一三代にわたり在封した。寛文《かんぶん》四年（一六六四）、綱勝《つなかつ》が嗣子なく急逝したため改易となるところを、甥の綱憲《つなのり》（吉良義央《きらよしなか》の子）を末期養子として、一五万石削封で家督相続が許された。そのため藩財政は窮乏の度を強めていったが、治憲《はるのり》（鷹山《ようざん》）が人材を登用し財政の建て直しをはかるなど、藩政全般にわたる改革を指導し、名君と称された。戊辰戦争では、仙台藩とともに奥羽越列藩同盟を主導したが、降伏、茂憲《もちのり》のとき、廃藩を迎えた。

［歴代当主］景勝《かげかつ》―定勝《さだかつ》―綱勝《つなかつ》―綱憲《つなのり》―吉憲《よしのり》―宗《むね》憲《のり》―宗房《むねふさ》―重定《しげさだ》―治憲《はるのり》―治広《はるひろ》―斉定《なりさだ》―斉憲《なりのり》―茂憲《もちのり》

## 真田家

●松代藩
●帝鑑の間
●外様

『真田三代記』にいわれる幸隆《ゆきたか》・昌幸《まさゆき》・幸村《ゆきむら》（信繁《のぶしげ》）の信濃真田氏の先祖は海野《うんの》氏の支族で、小県《ちいさがた》郡真田庄松尾城に住し、はじめて真田氏を名乗ったといわれている。武田信玄《たけだしんげん》の麾下で活躍し、長篠の戦い後、幸隆の三男昌幸が家督を継ぎ、上野《こうずけ》沼田にも進出した。武田氏滅亡後、豊臣秀吉・徳川家康に属したが、関ケ原の戦いでは、父昌幸と二男幸村は石田方に、長男信之《のぶゆき》は徳川方に分かれて戦った。戦後、昌幸・幸村は、高野《こうや》山に幽閉となるが、信之には父の遺領が与えられ、上田城に移り、沼田をあわせて九万五〇〇〇石を領有した。さらに大坂の陣の戦功により、元和八年（一六二二）、一三万石に加増されて松代《まつしろ》へ転封となり、以後、真田氏は、信之のあと、廃藩に至るまで一〇代在封した。近世初頭松代は松城といわれていた。六代藩主幸弘《ゆきひろ》は、財政窮乏打開のため、『日暮硯《ひぐらしすずり》』の著で知られる恩田木工《おんだもく》を登用、また、八代幸貫《ゆきつら》は、老中在任中、佐久間象山《さくまぞうざん》を顧問に抜擢している。

［歴代当主］信之《のぶゆき》―信政《のぶまさ》―幸道《ゆきみち》―信弘《のぶひろ》―信安《のぶやす》―幸《ゆき》弘《ひろ》―幸専《ゆきたか》―幸貫《ゆきつら》―幸教《ゆきのり》―幸民《ゆきもと》

米沢城（上杉家）

## 鍋島家

●佐賀藩
●大広間
●外様

肥前を本拠に勢力を張っていた戦国大名竜造《りゅうぞう》寺《じ》隆信《たかのぶ》が戦死し、嫡子政家《まさいえ》が家督を継いだが、太守たる器に欠け、領国経営の実務は家臣の鍋《なべ》島《しま》直茂《なおしげ》の手にゆだねられるようになり、関ケ原の戦いののち、慶長十二年（一六〇七）政家の嫡子高房《たかふさ》が死ぬと、肥前は鍋島直茂の子勝茂《かつしげ》に与えられ、以後、鍋島氏は勝茂を藩祖として、一一代在封し、廃藩に至る。家臣鍋島氏が主君の竜造寺氏に取って代わったことで、竜造寺家再興運動が暗々裏に行われた。これが、幕末になって「化け猫騒動」物語に仕立てあげられていった。幕末、鍋島家に名君が登場する。弱冠一七歳で一〇代藩主を襲封した直正《なおまさ》（閑叟《かんそう》）は、逼迫する藩財政建て直しのため農地改革、殖産興業、洋式軍事力の導入という藩政改革を行っている。特に洋式軍事力においては他藩をしのぎ、戊辰戦争に大きな成果をあげた。また日本最初の蒸気船凌風丸を建造している。

［歴代当主］勝茂《かつしげ》—光茂《みつしげ》—綱茂《つなしげ》—吉茂《よししげ》—宗茂《むねしげ》—宗《むね》教《のり》—重茂《しげもち》—治茂《はるしげ》—斉直《なりなお》—直正《なおまさ》—直大《なおひろ》

## 細川家

●熊本藩
●大広間
●外様

細川《ほそかわ》氏は足利《あしかが》氏の一支族で三河国額田《みかわのくにぬかた》郡細川郷に住し、細川姓を名乗るようになった。室町時代に豪族として発展した。その後、歌人としても知られる藤孝《ふじたか》（幽斎《ゆうさい》）が、一二代将軍足利《あしかが》義晴《よしはる》に仕え、子の忠興《ただおき》（三斎《さんさい》）とともに織田信長に重んぜられ、天正六年（一五七八）、丹後宮《たんごみや》津《づ》一二万石の領主となった。秀吉の死後、徳川家康に与し豊後杵築《ぶんごきつき》六万石の加増を受け、関ケ原の戦いの軍功により、忠興は豊前小倉《ぶぜんこくら》三五万九〇〇〇石に封ぜられる大大名となった。寛永《かんえい》九年（一六三二）、忠興のあとを継いだ忠利《ただとし》は、加藤氏改易後の肥後熊本五四万石を与えられ、以後、外様の有力大名として肥後を領有した。その間、四代藩主宣紀《のぶのり》のころから藩財政は窮乏した。五代宗孝《むねたか》は不慮の災難で急死したが、六代重賢《しげかた》が種々の改革を断行し、藩政の立て直しに成功し、「肥後の鳳凰《ほうおう》」とたたえられた。

［歴代当主］忠利《ただとし》—光尚《みつなお》—綱利《つなとし》—宣紀《のぶのり》—宗孝《むねたか》—重《しげ》賢《かた》—治年《はるとし》—斉茲《なりしげ》—斉樹《なりたつ》—斉護《なりもり》—韶邦《よしくに》—護久

## 山内家

●高知藩
●大広間
●外様

山内《やまうち》氏は藤原秀郷《ふじわらのひでひら》を祖とし、その後裔、俊通《としみち》が相模国鎌倉郡山内庄を領したことからはじめて山内氏を名乗ったという。その後子孫が各地に及んだ。戦国時代、尾張国羽栗《おわりのくにはぐり》郡黒田《くろだ》にいた盛豊《もりとよ》は織田信安に仕えたが、織田信長に攻められ盛豊は自刃。そのため子の一豊《かずとよ》は流浪の生活を送ったが、信長に仕えることになり、秀吉の麾下に属した。一豊は、若宮喜助《わかみやきすけ》の娘を妻として、天正十三年（一五八五）に近江長浜《おうみながはま》二万石、同十八年には小田原征伐の功によって遠江掛川《とおとうみかけがわ》五万石を与えられた。関ケ原の戦いには徳川方に属し、戦後、土佐一国二四万石を与えられた。こうした一豊出世の陰には内助の功があった。一豊は、大高坂《おおたかさ》の地に新城を築き、城下町を建設し、以来、山内氏は廃藩にいたるまで、一六代在封した。一五代藩主豊信《とよしげ》（容堂《ようどう》）は、坂本《さかもと》龍馬《りょうま》の献策を基本とする大政奉還を打ち出し、維新への改局を主導した。

［歴代当主］一豊《かずとよ》—忠義《ただよし》—忠豊《ただとよ》—豊昌《とよまさ》—豊房《とよふさ》—豊《とよ》隆《たか》—豊常《とよつね》—豊敷《とよのぶ》—豊雍《とよちか》—豊策《とよかず》—豊興《とよおき》—豊資《とよすけ》—豊《とよ》熙《てる》—豊惇《とよあつ》—豊信《とよしげ》—豊範《とよのり》

松代城（真田家）

高知城（山内家）

# 江戸を歩く〔大名編〕

文＝河合　敦

## 赤穂浪士凱旋紀行

元禄《げんろく》十四年（一七〇一）三月十四日、江戸城松の廊下で、赤穂《あこう》藩主浅野長矩《あさのながのり》が突然、高家《こうけ》の吉良上野介《きらこうずけのすけ》に斬りつけた。浅野は即日切腹となり、赤穂藩も取りつぶしとなった。

　長矩が上野介を襲ったのは、何か恨みがあったからだと考えた大石内蔵助《おおいしくらのすけ》ら赤穂浪士は、主君の無念をはらそうと、翌十五年十二月十五日未明、吉良邸を襲撃して上野介の首を奪った。

吉良邸跡

　上野介の息子が米沢《よねざわ》藩主であったから、きっと米沢藩士らが駆けつけるだろうと臨戦態勢を敷いて待ったが、いつまでたっても現れない。そこで赤穂浪士らは、とった首を亡き主君の墓前にそなえることに決め、吉良邸から三田の泉岳寺《せんがくじ》まで向かったのだった。今日は、約一〇キロにおよぶ赤穂浪士の凱旋ルートを実際に歩いてみようと思う。

　JR両国駅から京葉《けいよう》道路をわたり、数分歩いたところに松坂町公園がある。ここがかつての吉良邸跡だ。公園になっているのは、屋敷のほんの一部。園内は、なまこ塀で囲まれ、中には首洗いの井戸がある。吉良の首を洗ったという井戸だ。

　ところで赤穂浪士は、吉良邸襲撃後、隣接する回向院《えこういん》で戦闘態勢を整えようとしている。だが、とばっちりを恐れた僧侶が開門しなかったので、中へ入れなかった。

　回向院は、明暦《めいれき》の大火《たいか》の無縁仏を供養するために創建された寺院で、境内には人《にん》形《ぎょう》浄瑠璃《じょうるり》の竹本《たけもと》義太夫《ぎだゆう》や鼠小僧《ねずみこぞう》の墓がある。

大高源五の句碑

　仕方なく浪士らは、すぐ側の両国橋のたもとへ行く。現在、橋のたもとには墨田区児童遊園があり、園内に赤穂浪士で俳人だった大高源五《おおたかげんご》の句碑が立つ。

　しばらくして浪士らは、泉岳寺へと動き出す。両国橋を渡らず、隅田川沿いに南下する。当時の尾上《おがみ》町と元町の間を抜けて竪《たて》川を一ッ目之橋から渡る。現在この橋は、一之橋と名をかえている。さらにまっすぐ南下。この通りをかつて御船蔵後《みふねくらうしろ》通りと呼んだ。いまの万年橋通りだ。（多少、両道の位置は今とずれている）途中、芭蕉《ばしょう》記念館がある。この周辺に松尾芭蕉が庵《いおり》を結んでいたのだ。

　そこから数分で、万年橋に着く。曲線が

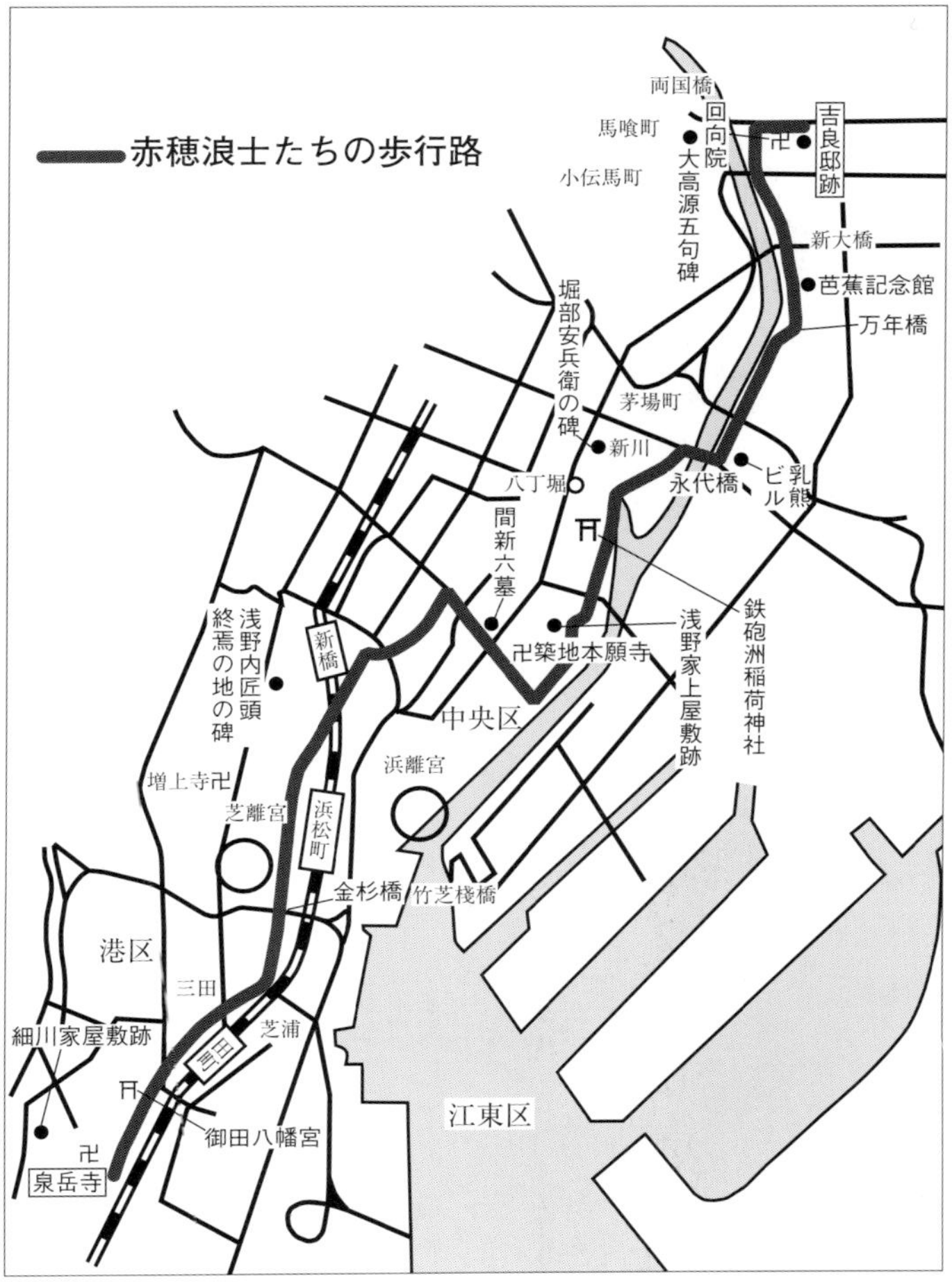

万年橋

美しい橋で、葛飾北斎《かつしかほくさい》の『富嶽《ふがく》三十六景』にも描かれている。いまは鉄筋だが、そのアーチは見事だ。

　万年橋をまっすぐ行かず、すぐに右へ折れ、もう一本向こうの川沿いの道が、浪士の凱旋ルートだ。佐賀《さが》町河岸通りである。ただ、残念ながら車は一方通行だから入れない。

　一〇分ほど南下して上ノ橋を過ぎ、さらに数分いくと、右手に永代《えいたい》橋が見えてくる。このたもとの乳熊《ちちくま》屋（味噌屋）で、赤穂浪士たちは休憩している。現在、跡地はビルになっているが、その入口脇に碑が立っている。

　一服したあと、浪士らは永代橋をわたり、一ノ橋、高橋を過ぎ、左折して稲荷橋をこえ、鉄砲洲《てっぽうず》に入った。稲荷橋は今はなく、「稲荷橋」と刻まれた小さな石柱が立つだけだ。

　稲荷橋から鉄砲洲稲荷神社を過ぎ、一〇分ほど進むと、右手に巨大な聖路加《せいろか》病院がそびえ立つ。この辺り一帯には、かつて浅野家（赤穂藩）の上屋敷《かみやしき》があった。病院裏手には、邸跡の碑がある。きっと通過しながら浪士らは感無量だったはずだ。ちなみに碑のすぐ脇は、芥川龍之介《あくたがわりゅうのすけ》の生誕地だ。

　聖路加病院前の通りをさらに進

鉄砲洲稲荷神社

浅野内匠頭邸跡の碑

むと、晴海《はるみ》通りとぶつかって行き止まる。浪士一行は、通りを銀座方面へ向かった。しばらく行くと、右手に巨大な寺院が現れる。築地本願寺《つきじほんがんじ》である。間新六《はざましんろく》という浪士は、凱旋のさい槍先にお金を結びつけて、この寺へ投げ込んで自分の供養を願っている。そんなわけで、彼の遺体は、死後、同寺に葬られた。いまでも境内奥に、間新六の墓石が残っている。

築地本願寺

　晴海通りと交差する昭和通りを新橋駅方面へ向かい、新橋からは国道一五号線へ沿ってまっすぐ進めば泉岳寺へ着く。十数分歩くと金杉《かなすぎ》橋が見えてくる。ここを渡れば、泉岳寺へはもう少しだ。泉岳寺手前の高台に御田八幡宮《みたはちまんぐう》という神社がある。赤穂浪士がここまで来たとき、この神社の階段から高田郡兵衛《たかだぐんべえ》が祝福の言葉を述べながら降りてきた。が、大半は黙殺した。高田はともに討ち入りを約束しながら、裏切った卑怯者だからだ。

　御田八幡宮から泉岳寺前と表示された信号機までは数分とかからない。信号を右に曲がると、泉岳寺の門が見える。境内には、土産物屋が数軒あり、浪士に因んだ土産などが並べられている。そこを過ぎると、右手に大石内蔵助の銅像が立つ。背が低く、ずんぐりむっくりの体型に穏和な顔が付いている。イメージと違う。こんな男のどこに、四十六人を死地に誘う魅力があったのだろうと、ふと思った。

　境内の奥へ進めば、赤穂浪士の墓地がある。しかし、そこへ向かわずに、銅像の裏にのびる細道へ足を向けた。この道が、熊本藩細川邸跡へと続いているからだ。約一分ほど道をのぼると細川邸跡に着く。現在は、巨大な都営アパートになっている。その一番奥に、細川家の庭園（一部）が保存されている。

　なぜ、ここだけが残されたのか。

　それは、この場所が、大石内蔵助ら赤穂浪士一七名の切腹現場だからである。残念ながら入口にはカギがかけられ、中に入ることができない。隙間から中を覗くと、庭石がいくつかおかれ、きれいに土が掃き清められてあった。ここで浪士らが腹を切ったのかと思うと、何とも切ない気持ちがこみ上げてきた。

御田八幡宮

泉岳寺山門

赤穂浪士切腹の跡地

赤穂浪士たちの墓

来た道を引き返し、ふたたび泉岳寺境内へ入って山門をくぐり、左へ折れて浪士の墓へ向かう。昨年訪ねたときには、墓地は木々にかこまれ薄暗かったのだが、現在はすっかり整備され、陽光が差し込むように木々も剪定《せんてい》されていた。浪士の墓群は、明るい感じに雰囲気を一変させていた。

大石内蔵助の墓

しかし、墓地に足を踏み入れたとき、私の中にある何かが、この聖地と共鳴したような感覚を味わった。共鳴したものはたぶん、欲にまみれた私の身体にわずかに残る、「義」の精神だと、信じたい。

# 大名庭園を巡る

残念ながら都内には、完全な姿で大名屋敷は残っていない。ごく一部が現存するものの、明治政府によって屋敷の大半は壊され、関東大震災と先の大戦による空襲で、ほぼ一〇〇パーセント、建物は失われた。けれども、大名屋敷の庭園については、戦後、いくつかが復元され、当時の姿がよみがえっている。こうした大名庭園を巡ることで、私たちは大名の暮らしの一端をかいま見ることができるのである。

## ●浜離宮恩賜庭園

地下鉄銀座線新橋駅から地上に出て、東京湾方面へ歩いてゆくと、やがて首都高速一号線がみえ、その先に樹木帯が現れる。浜《はま》離宮恩賜《りきゅうおんし》庭園である。築地《つきじ》川を南門橋から渡り、園内に入ると、まずその広さに圧倒される。

浜離宮は、四代将軍家綱《いえつな》が弟の甲府藩主徳川綱重《つなしげ》に与えた土地で、綱重が同地に別邸と庭園を造ったのがはじまり。綱重の息子は六代将軍家宣《いえのぶ》である。以後、庭園は将軍家の所有となり、歴代将軍がこの別邸に遊んだ。

明治維新後は皇室の離宮となり、戦後は東京都に下賜《かし》された。庭園は回遊式築山《かいゆうしきつきやま》泉水《せんすい》庭園で、東京湾から海水を引き込んでいる。

園の真ん中には、大きな潮入《しおいり》の池（泉水）があり、池中央の小島に昔の御茶屋が復元されている。内部は開放されていて、五百円で抹茶《まっちゃ》と和菓子の接待がある。御茶屋から眺める庭園の風景は、本当に心が

浜離宮　潮入の池と中島の御茶屋

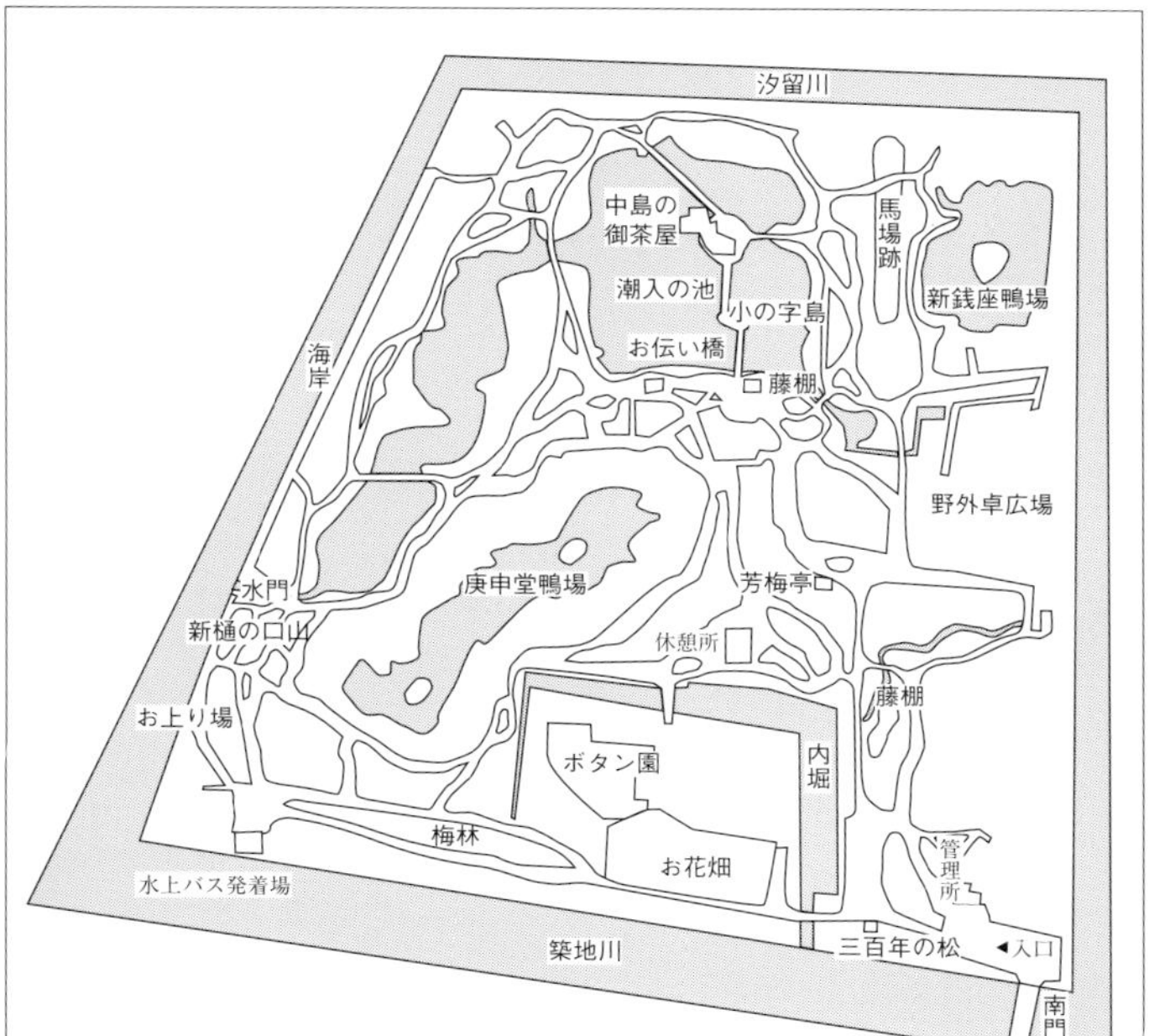

浜離宮恩賜庭園

浜離宮　新銭座鴨場の引堀

浜離宮　三百年の松

なごむ。

園内には、新銭座鴨場《しんせんざかもば》と庚申堂《こうしんどう》鴨場という鴨場がある。ここで歴代将軍がよく鴨猟をした。現在も、鴨をおびき寄せるための引堀《ひきぼり》、観察するための大覗などが復元されている。近くには、鴨を供養した鴨之塚の碑が立つ。

樹木草花も豊富だ。なかでも松や梅が多く、三百年の松は圧巻である。牡丹園《ぼたんえん》やお花畑もあり、私が訪ねた時には、菜の花がまぶしいくらいに咲きほこっていた。売店や休憩所、ベンチもあるから、疲れたら休みながら散策するといい。ゆっくりまわれば、ゆうに二時間はかかる広さだ。園内の隅には水上バスの発着所があり、葛西《かさい》臨海公園にも行ける。

### ●旧芝離宮恩賜庭園

浜離宮を出て、海岸通りをまっすぐ浜松町方面へ二〇分ほど歩くと、また大名庭園がある。旧芝離宮《しばりきゅう》恩賜庭園だ。

旧芝離宮　雪見燈籠

やはり皇室の離宮が、戦後東京都に下賜されたもので、回遊式築山泉水庭園である点も、浜離宮と同じだ。ただし、池には無数の鯉がいる。淡水なのだ。昔は海に隣接し

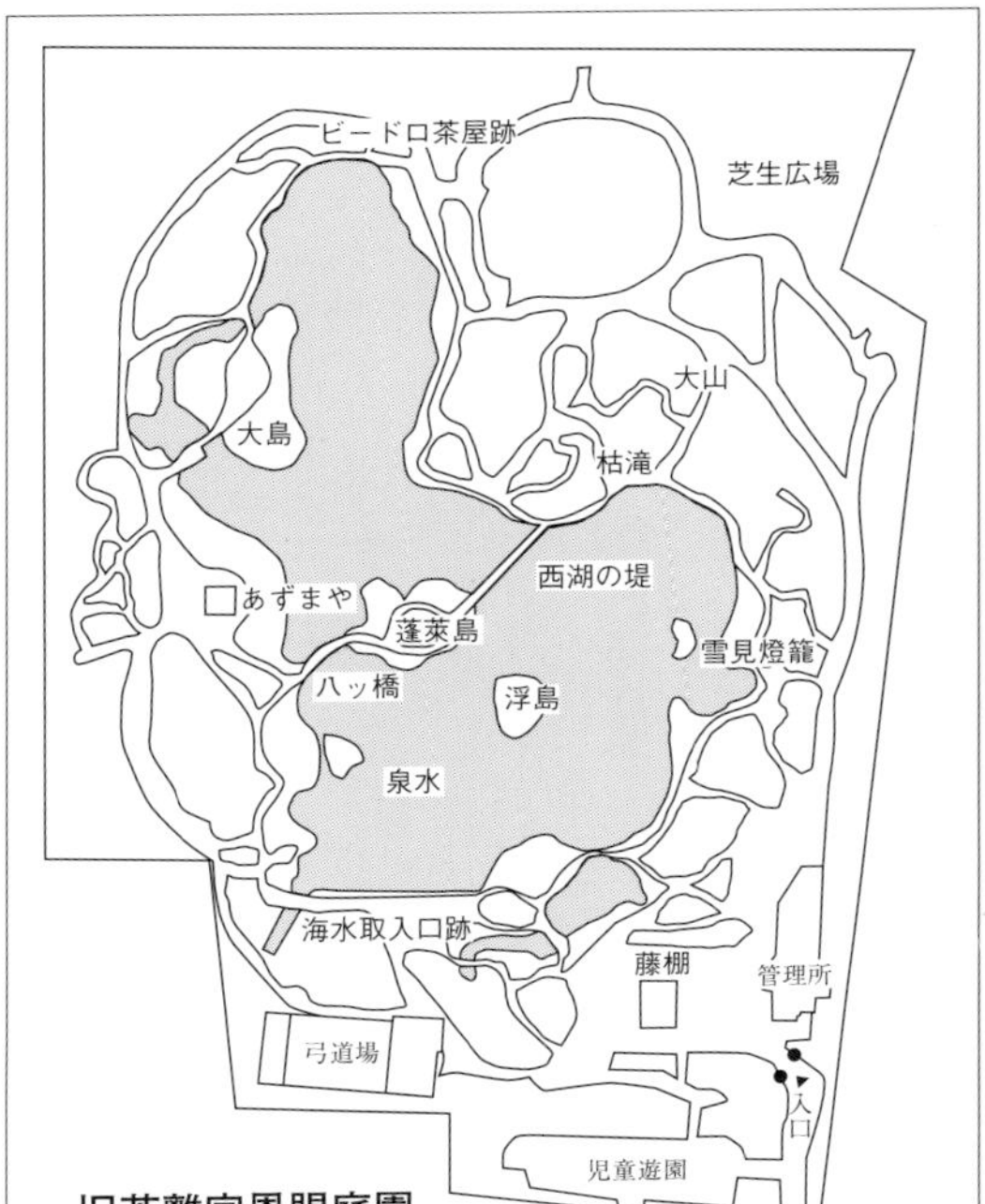

旧芝離宮恩賜庭園

旧芝離宮　蓬莱島

ていたが、埋め立てが進み、今は海水を取り入れていない。園内には九尺台という高台があり、明治天皇がここに上り海を眺めたというが、いまはビルしか見えない。園内には、海水取り入れ口跡も残る。

芝離宮は、老中大久保《ろうじゅうおおくぼ》忠朝《ただとも》がここに屋敷と庭園を造ったことにはじまる。とくに庭園は、忠朝が八年の歳月をかけて作庭した自慢のものだ。ただ、大きさは浜離宮の六分の一しかないから、三〇分あれば周遊できる。

園内を入って右手に巨大な雪見燈籠《ゆきみどうろう》がある。このわきの石畳を進むと、築山がある。大山といい、頂きから庭園全体が鳥瞰《ちょうかん》できる。

泉水の中心に蓬莱《ほうらい》島が浮かび、西湖《せいこ》の堤《つつみ》と八ッ橋とで両端が陸地に結ばれている。西湖の堤は、中国の杭《こう》州《しゅう》にある西湖の堤をまねた石造りの堤。ずいぶん精巧にできている。

大山の下には枯滝《かれたき》がある。その石組みも一見の価値があろう。そのほか、鯛《たい》橋（鯛の姿に似た石橋）や蓬莱山を模した石組みも美しいが、不思議だったのは、四本立ちならぶ謎の石柱だ。楼閣《ろうかく》跡、馬つなぎの石、熊野信仰に関する石造物など、いくつか説があるものの、いまもって用途はわかっていないそうだ。

後楽園　蓬莱島

後楽園　円月橋

後楽園　八卦堂跡

●後楽園

芝離宮から浜松町まではわずかに一分、ここから電車で東京駅で降り、地下鉄丸之内線に乗り換えて後楽園《こうらくえん》駅に向かう。よく知られているように、この周囲一帯は水戸家（徳川御三家）の屋敷地だった。藩祖頼房《よりふさ》のとき屋敷地を賜ったのだが、後楽園と称する庭園を整えたのは、息子の光圀《みつくに》である。現在庭園は、東京都の公園として開放されている。

入口を入って最初に出迎えてくれたのは、蕾《つぼみ》を開かせはじめた大きな枝垂《しだれ》桜だ。桜の向こうには大泉水が広がり、蓬莱島が浮かんでいる。ただ、その先に東京ドームの屋根が光っているのは、ちょっと違和感があった。

庭園の形式は、浜離宮や芝離宮と同じ回遊式泉水庭園であるが、両庭園と異なるのは、埋め立て地ではないので、地形の変化に富んだ庭園になっていることだ。なおかつ、中国の風物がふんだんに採り入れられていて、和洋折衷《わようせっちゅう》の趣が濃い。これは、光圀の趣味である。光圀は中国文化へのあこがれが強く、庭園名の後楽園も、中国の范文正《はんぶんせい》の「先憂後楽《せんゆうこうらく》」からとったものである。それでは、園内に残る中国の文物を、いくつか紹介しよう。

まずは円月橋《えんげつばし》。これは、光圀が師事した中国の学者朱舜水《しゅしゅんすい》が設計し、名工とうたわれた駒橋嘉兵衛《こまはしかへい》が造った橋で、水面に映る橋の形が満月になることから、この名がついたという。高度な技術が駆使されており、のちに八代将軍吉宗《よしむね》が造ろうとしてもできなかったという。八卦堂跡《はっけどう》は、将軍家光《いえみつ》から頂戴した文昌星像《ぶんしょうせい》を安置した堂があった場所で、いまでも基礎の石組みは見事な八角形だ。芝離宮と同じ西湖の堤も残る。得仁堂は、光圀が建てた、園内最古の建築物である。ここには、彼が尊敬する伯《はく》夷《い》・叔斉《じょせい》像が安置されたという。堂名は「仁を求めて仁を得たり」という孔子《こうし》の言葉からとったと伝えられる。

そのほか、藤田東湖《ふじたとうこ》の記念碑や江戸時代の酒亭・九八屋（復元）、白糸の滝、赤門など見どころは尽きず、梅林、藤棚、菖蒲《しょうぶ》田、蓮《はす》池、松原、紅葉林、稲田などもあるから、いつ訪れても植物が目を楽しませてくれる。

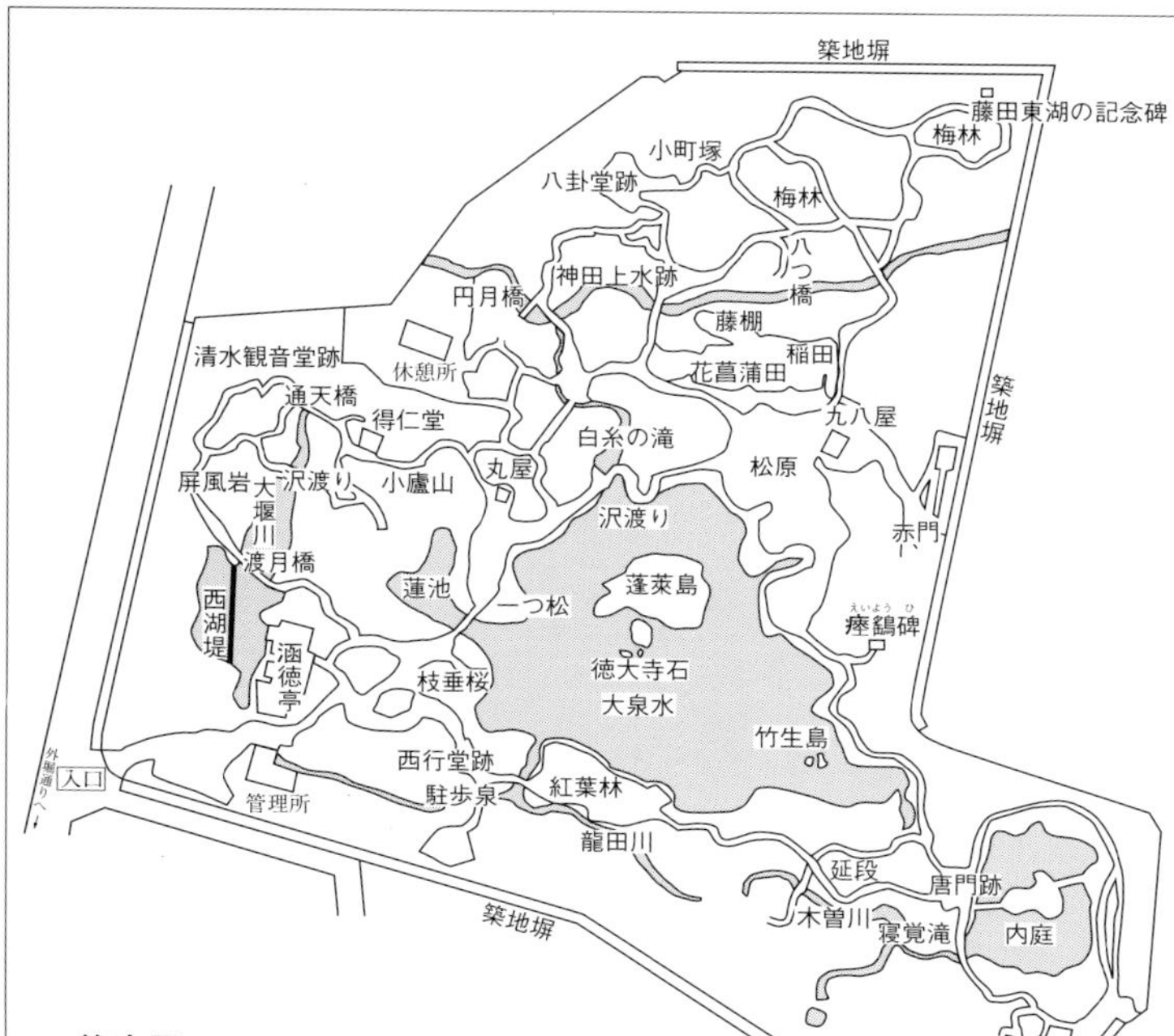

後楽園

## ●六義園

さて、時間があれば、もうひとつの大名庭園をまわってみよう。後楽園駅から南北線に乗って駒込《こまごめ》駅で降り、歩いて数分のところに六義園《りくぎえん》がある。この庭園は、柳《やなぎ》沢吉保《さわよしやす》が造ったもの。よく知られているように柳沢は、五代将軍綱吉《つなよし》の寵臣《ちょうしん》である。わずか一五〇石の武士であったのが、側用人《そばようにん》として綱吉の信任を得、晩年は甲府城主一五万石の大大名にのしあがった。おそらく江戸時代で最も出世した男だろう。その柳沢が元禄《げんろく》八年（一六九五）に綱吉から駒込の地およそ四万六〇〇〇坪を賜り、同地に別荘庭園を造らせたのが、六義園のはじまりだ。庭園の完成には七年以上がかかっており、造園の構想は柳沢本人が手がけた。彼がそれほどまでに力を入れたのは、この別邸を隠居場所にするつもりだったからで、実際、晩年の五年間は六義園で悠々《ゆうゆう》自適《じてき》の生活をおくり、同地で死没している。

六義園

レンガ造りの正門を通り、黒変した古め

六義園　水分石

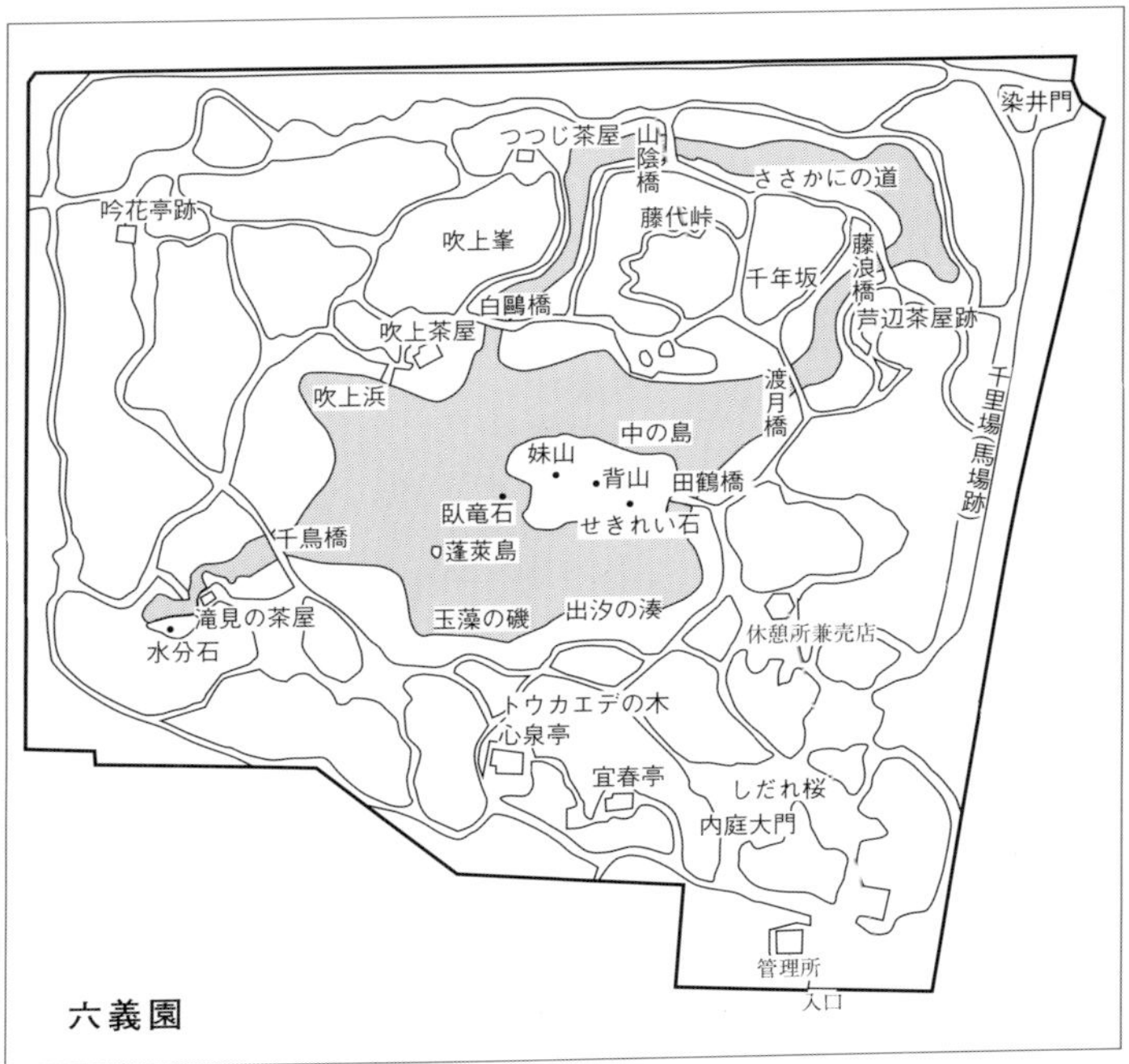


六義園

かしい内庭大門をくぐると、視界全体がピンク色に染まる。枝垂桜の古樹が、隙間なく花をつけた長い枝を四方八方に垂らしているのだ。これは圧巻というしかなく、ほかの入園者もしばし上を向いたきり、動かなくなる。

枝垂桜を過ぎると、視界は一気に広がる。庭園の形式は後楽園と同じものの、純和風であるから、趣は全く対照的である。

芝生のなかにきれいに刈り込まれたツツジや形のよい松が植えられ、その先に大きな泉水が広がる。その泉水を周遊するように、三〇分コースと一時間コースが用意されているので、時間の都合にあわせて好きなコースが選択できる。駒込の地は、平坦な台地であったが、柳沢はそこに山を築き泉水をうがち、水を流して起伏にとんだ地形を創造した。いま、古樹の茂る園内を散策していても、とても周囲が人工物だと思えない。

園内には、『万葉集』や『古今和歌集』、紀州《きしゅう》和歌《わか》の浦《うら》の名勝・景勝を具現化したり模倣したりして、八十八景が散在する。とくに私を魅了したのは、滝見《たきみ》の茶屋から眺める水分石《みずわけ》だ。茶屋形式の東屋《あずまや》に座ると、前方に小さな滝が白く見える。その流れは、途中の水分石によって三筋に分流され、やがて下の川へ落ちてゆく。人が生まれ出て、それぞれ違う人生を歩みながらも、最後は死というものに収斂《しゅうれん》されてゆく。なんだか、水分石に人間の定めのようなものを見た気がした。

六義園の泉水

■執筆
石井謙治（日本海事史学会会長）
河合　敦（都立高校教諭）
児玉幸多（学習院大学名誉教授）
酒井睦雄（近世江戸研究家）
鈴木悦子（歴史考証家）
鈴木賢次（日本女子大学教授）
中西立太（歴史考証画家）
早川純夫（作家）
平井　聖（東京工業大学名誉教授）
松岡利郎（大阪府立堺聾学校教諭）
柳川創造（作家）　（五十音順）

■イラスト
板垣真誠
伊藤展安
中西立太
平井　聖
藤田正純　（五十音順）

■カバー・表紙・総扉装丁
熊谷博人

■DTP
ナチェロ

■写真提供
石田多加幸
サン・プロジェクト

図説江戸２　大名と旗本の暮らし
二〇〇〇年六月八日　初版発行
**監修**　平井　聖
**発行人**　市川俊男
**発行所**　株式会社　学習研究社
東京都大田区上池台四―四〇―五　〒一四五―八五〇二
**編集制作**　株式会社　碧水社
東京都千代田区三崎町二―一〇―五　〒一〇〇―〇〇六一
**印刷所**　凸版印刷株式会社

◎この本に関するお問い合わせやミスなどがありましたら、次のところにご連絡ください。
文書は、〒一四六―八五〇二　東京都大田区仲池上一―一七―一五　学研お客様相談センター
電話は、内容について→〇三―三七二六―八三七〇（編集部）
在庫・不良品についてのお問い合わせ→〇三―三七二六―八一八八（出版営業部）
その他→〇三―三七二六―八一二四（お客様相談センター）
166746　ISBN4-05-401238-8